유대인의 상술

유대인의 상술

펴낸날 2025년 2월 14일 1판 1쇄

지은이 후지다 덴
옮긴이 이경미
그린이 와타나베 도카유키
펴낸이 이종일
디자인 바이텍스트

펴낸곳 지니의서재
출판등록 1978년 5월 15일(제13-19호)
주소 경기도 고양시 덕양구 청초로 10 GL메트로시티한강 A동 A1-1924호
전화 (02)719-1424
팩스 (02)719-1404
이메일 genie3261@naver.com

ISBN 979-11-988819-8-4 (03320)

* 파본은 구입한 서점에서 교환해 드립니다.
* 책값은 뒤표지에 있습니다.

The business ability of
the Jewish people

유대인의 상술

긴자의 장사꾼
후지다 덴의 가르침

후지다 덴 지음 · 이경미 옮김

지니의서재

차례

★ ★ ★ **Part 1** ★ ★ ★

이것이 유대 상술이다

★ ★ ★ Part 2 ★ ★ ★
나만의 유대 상술

★ ★ ★ Part 3 ★ ★ ★
유대 상술의 중추

긴자의 유대인 어록

시작하며

돈을 벌고 싶은 사람이
읽어 주세요

"당신은 돈에 욕심이 있나요?"

이 질문에 솔직하게 돈이 필요하다고 답하신 분이라면, 이 책을 반드시 읽으셨으면 합니다. 그리고 여기에 쓰여 있는 '유대 상술'을 실행해 보세요. 당신은 반드시 돈에게 사랑받는 사람이 될 것입니다. 유대 상술을 터득한 당신은 돈에게 '멋있는 사람'이 되어 돈이 졸졸 따라다니게 될 것입니다.

'돈은 없어도 돼.'

진심으로 이렇게 생각하는 분이라면 이 책보다는 《사랑을 얻으

14

려면 어떻게 해야 하나》와 같은 말랑말랑한 책이나 《하가쿠레葉
隱(에도 막부 초기에 저술된 사무라이 지침서)》 혹은 《경전》 같은 고전을
읽는 게 차라리 더 나을 것입니다.

지금까지 다양한 '경제학'과 '상법' 책들이 출판되었지만, 이상
하게도 "이렇게 하면 반드시 돈이 됩니다."라는 돈 버는 법칙을 알
려주는 책은 없었습니다. 그도 그럴 것이 책을 쓴 저자들은 실제
로 돈을 벌어본 경험이 없는 학자들이기 때문입니다. 청빈낙도를
생활 철학으로 삼는 학자들이 쓴 책을 통해서는 돈을 벌 수 없습
니다.

저는 도쿄대학에 입학하기 전 아버지를 떠나보냈기에 학창 시
절부터 학비와 생활비를 직접 벌어왔습니다. 그런 생활을 하던
중 유대인에게 유대 상술을 배우게 되었고, 졸업 후에는 유대 상
술을 실천하며 무역상으로 성공하여 재력을 일궈냈습니다.

돈을 벌었다면, 그 돈을 사회에 환원하는 것이 기업의 중요한

대의명분이 되어야 한다고 생각합니다. 저도 이번 기회에 'KK베스트셀러즈' 이와세 준죠岩瀬順三 씨의 권유로 사회에 이익을 환원하는 대의명분을 이루고자 '유대 상술'을 공개하게 되었습니다. 이 책은 학자가 쓴 이론적, 관념적인 경제이론이 아닌 실제로 돈을 벌어봤고, 자타공인 '긴자의 유대 상인'이라 불리는 상인이 돈 버는 비법을 알려주는 책입니다. 그러므로 일본에서는 처음으로 공개되는 획기적인 실용 경제서라고 자신 있게 말할 수 있습니다. 정독해 주시고, 일상 속의 '필승법'으로 아니면 월급쟁이 위치에서 벗어나고 싶거나 회사를 경영하는 데 활용해 주신다면 제게는 돈벌이 다음으로 큰 기쁨이 될 것입니다.

다만 이 책을 읽고 돈을 벌지 못했다고 하여 책값을 돌려 드릴 수는 없다는 점 양해 부탁드립니다. 왜냐하면 그런 분들은 이곳에 소개한 정석을 100퍼센트 따르지 않았기 때문입니다. 100퍼센트 실천했다면 당신은 반드시 부자가 되어 있을 것입니다.

덧붙여 혹여라도 '유대 상술'을 글자 그대로 해석하여 유대교만의 '상술' 형태가 존재한다고 오해하실 수도 있을 것 같아 한 말씀 보탭니다.

'불교 상술', '기독교 상술'이 존재하지 않듯이 '유대교 상술'의 실체는 없습니다.

제가 이 책에서 말하는 유대 상술이란 유대인 대부분이 5000년 민족 역사를 통해 습득한 장사 노하우를 의미합니다.

끝으로 독자들을 부자로 만들겠다는 일념으로 '유대 상술'이라는 책을 세상에 내놓기 위해 애써주신 KK베스트셀러즈의 엔도 요코遠藤洋子 씨에게 심심한 감사의 말씀을 드립니다. 독자 여러분도 그녀에게 박수를 보내주셨으면 합니다.

후지다 덴

※ 일러두기

'후지다 덴 6권 동시 복간 프로젝트'는 저자의 주요 평론을 수록한 것입니다. 실제 성공한 사업가인 저자가 유대인들로부터 배운 점을 설명하며 그것을 자신의 사업에 어떻게 녹여 냈는지에 대해 작성한 부분은 분명 도움이 될 부분이라고 생각합니다. 다만 본 작품 중에는 지금의 관점에서 볼 때 차별로 읽힐 수 있는 단어와 용어 등 고려해야 할 표현들이 일부 포함되어 있어 다소 불쾌한 부분이 공존하는 책입니다. 하지만 저자의 작품이 경영·비즈니스 서적의 고전으로 많은 독자에게 평가받아 왔다는 점, 집필 당시의 시대상을 반영한 저자만의 세계가 있다는 점, 나아가 저자는 2004년에 타계하여 작품 개정을 진행할 수 없었다는 점 등을 고려하여 원본을 그대로 정리했다는 것을 미리 알려 드립니다.

본서는 절판된 이후에도 소프트뱅크의 손정의 회장과 유니클로 창업자 야나이 다다시 회장 등 일본을 대표하는 기업가들이 젊은 시절 이 책에서 경영 철학과 비즈니스의 본질을 배웠다고 알려지면서 중고 시장에서 고가에 거래되며 재야의 명저로 인정받고 있습니다. 이에 독자들의 복간 요청이 이어졌고, 1972년 당사에서 초판 간행된 《유대 상술.세계 경제를 움직이다》의 원본 내용을 그대로 재현하기 위해 노력했습니다. 더불어 이번 개정판은 새로운 디자인과 삽화를 추가해 재편집했을 뿐 어구와 표현상의 문제만 간략하게 수정했다는 점도 알려드립니다.

이것이
유대 상술이다

★ ★ ★ Part 1 ★ ★ ★

'78 대 22'의
우주 법칙

유대 상술에는 법칙이 있다. 그 법칙은 우주의 대 법칙에 따른 것으로 우리는 아무리 발버둥을 쳐도 이 우주의 법칙에서 절대로 벗어날 수 없다. 유대인들도 이 대 법칙에 근거한 상술을 활용하여 결코 손해를 보지 않는다.

유대 상술의 기본 법칙에는 '78 대 22 법칙'이 있다. 엄밀히 말하면 78이나 22에는 약간의 오차가 있을 수 있으므로 어떨 때는 '79 대 21'이 되기도 하고 '78.5 대 21.5'가 되기도 한다.

예를 들어 정사각형 4개의 변^邊에 내접한 원을 그린다고 생각해 보자. 정사각형의 넓이가 100이라고 할 때 내접한 원의 넓이는 78.5이다. 즉, 원의 넓이는 약 78이고, 정사각형과 원 사이의 넓이는 약 22가 된다. 한 변이 10센티미터인 정사각형을 그리고 실제로 계산해 보면 알 수 있는데, 정사각형에 내접한 원의 넓이와 나머지 넓이의 비율이 '78 대 22 법칙'과 정확하게 일치한다는 사실을 확인할 수 있다.

공기 중의 성분이 질소 78%, 산소 등이 22%로 구성되어 있다는 것은 잘 알려진 사실이다. 사람의 몸도 마찬가지로 수분이 78%, 그 외의 물질이 22%의 비율로 이루어져 있다.

그러므로 '78 대 22 법칙'은 도저히 인간으로서는 거스를 수 없는 대자연의 법칙이다. 인위적으로 질소 60, 산소 40 비율의 공기를 만들어 내더라도 인간은 호흡하기 어려우며, 인체의 수분 비율이 60%로 줄어든다면 인간은 생명을 유지할 수 없게 된다. 따라서 '78 대 22 법칙'이라는 황금률은 '75 대 25', 또는 '60 대 40'이 될 수 없는 절대 불변의 법칙이다.

돈을 버는 법칙도 '78 대 22'

유대 상술도 이 법칙을 따르고 있다.

세상에는 '돈을 꾸려는 사람'보다 '돈을 빌려주려는 사람'의 수가 단연코 더 많다. 언뜻 생각하면 돈을 꾸려는 사람이 더 많을 거 같지만 실은 그 반대다. 은행은 다수의 사람에게 돈을 빌려 일부에게 빌려주는 방식으로 수익을 창출하는데, 돈을 꾸려는 사람이 더 많아지면 더 이상 영업을 유지할 수 없게 된다. 평범한 회사원조차도 돈벌이가 된다면 너도나도 돈을 빌려주고 싶어 할 것이다. 부동산투자 사기에 돈을 빌려줘서 망하는 사람이 많은 것도 '돈을 꾸려는 사람'보다 '빌려주려는 사람'이 많다는 것을 보여주는 방증이다. 이를 유대인 식으로 해석하자면 세상에는 '돈을 빌려주려는 사람'과 '돈을 꾸려는 사람'이 '78 대 22'의 비율로 구성되어 있다는 것이다. 이처럼 돈을 빌려주려는 사람과 빌리려는 사람 사이에도 '78 대 22 법칙'이 존재한다.

과거에 나도 '78 대 22 법칙'을 활용해 돈을 번 경험이 제법 많다. 그 사례를 소개하고자 한다.

부자를 통해
돈을 버는 방법

매년 국세청은 연 1,000만 엔 이상의 고액 연봉자의 이름을 공개하는데(지금은 아니다), 나는 이들을 회사의 우수고객으로 여긴다. 이들을 상대로 사업을 하면 큰돈을 벌 수 있기 때문이다.

일반대중보다 부자의 수는 제한적이지만, 부자라는 명성답게 그들은 많은 재산을 보유하고 있다. 일반대중이 보유한 자산은 22인데 반해, 20만 명이라는 극소수의 부자가 보유한 자산은 78에 육박한다. 따라서 78을 상대로 사업을 하는 편이 압도적으로 유리하다.

보기 좋게 성공! 다이아몬드 판매 작전

1969년 12월, 연말 시즌을 앞두고 나는 도쿄의 A 백화점에 찾

아가 다이아몬드를 판매하고 싶다고 제안했다. A 백화점은 당혹
스러운 표정으로 "후지다 씨, 허무맹랑한 말씀이세요. 지금은 연
말 시즌입니다. 아무리 부유층을 타깃으로 한다지만 지출이 많은
시기에는 부자들도 다이아몬드 구매가 부담스러울 거예요."라고
답했다.

　하지만 나는 물러서지 않았다. 황소 같은 내 고집에 두손 두발
든 A 백화점은 외진 곳에 있는 계열사 B점에 작은 매장을 내어줄
테니 한번 해보라며 양보해 주었다. B점은 다른 점들에 비해 입지
가 취약하고 VIP 고객층도 탄탄하지 않았다. 조건은 불리했지만
나는 기쁜 마음으로 받아들였다.

당장 뉴욕에 있는 다이아몬드 판매상에 연락해 합리적인 가격에 커팅된 다이아몬드를 연말 행사 일정에 맞춰 대량으로 주문을 넣었다. 결과는 대성공이었다.

단 하루만 진행하는 행사이니 300만 엔 정도의 매출이면 그나마 선방이라는 주위의 예상을 깨고 5,000만 엔의 매출을 달성했다. 나는 기세를 몰아 연말연시 동안에 긴키近畿, 시코쿠四国 지방에서도 다이아몬드를 판매하여 전 매장에서 5,000만 엔의 매출을 기록했다.

고자세로 일관하던 A 백화점도 머리를 숙이며 본사에 매장을 내주겠다고 나섰다. 하지만 도쿄지역은 B점에서 이미 대량의 물량이 판매된 상태인 만큼 매장을 내주긴 하지만 큰 기대는 하지 않는 눈치였다.

하루 1,000만 엔 정도의 매출이면 된다고 말하는 A 백화점 측에 나는 "행사 기간에 3억엔 매출을 달성해 보겠습니다."라고 호언장담했다.

판매 전략은 작은 사치품

1970년 12월, 드디어 A 백화점에서 다이아몬드 판매를 시작했다. 1,000만 엔이면 충분하다고 했지만 1억 2,000만 엔의 다이아몬드를 완판시켰다.

나아가 1971년 2월 다이아몬드 세일 기간에는 매출이 무려 3억 엔을 돌파했고, 시코쿠에서도 총매출 2억 엔 이상의 판매 실적을 올렸다.

백화점은 그동안 다이아몬드라는 상품을 자동차로 비유하면 외제 차 '캐딜락'이나 '링컨'처럼 초호화 상품으로 인식해 왔다. 하지만 나는 '닛산 블루버드'나 '닛산 세드릭'급의 '작은 사치품'의 개념으로 접근하여 '서민들도 살 수 있는 고급품'이라는 콘셉트를 설정했다. 이것이 나의 성공 비결이다.

금전적인 여유가 있으면 반드시 사고 싶은 것, 그리고 현실적으로 살 수 있는 것—나는 다이아몬드가 바로 그것이라고 생각했고, 부자들은 가격표에 찍힌 숫자 그대로 통 크게 지갑을 열었다.

생활 속에 숫자를
도입하자

　앞에서 '78 대 22 법칙'을 다룬 이유는 첫째로 유대 상술에는 확실한 법칙이 있다는 점이고, 다른 하나는 이 법칙에서 알 수 있듯 유대인은 수치에 매우 밝다는 점을 강조하고 싶었기 때문이다. 장사꾼이라면 당연히 숫자에 강해야겠지만, 그중에서도 유대인은 계산에 특출나게 능하다. 그들은 평소 숫자를 가까이하며 생활의 일부로 삼는다.

　예를 들어 우리는 "오늘은 무척 덥네요.", "조금 쌀쌀해졌어요."라고 표현하지만, 유대인들은 더위나 추위도 숫자로 환산해서 말한다. "오늘은 화씨 80도입니다.", "지금은 화씨 60도입니다."라고 정확하게 온도계의 숫자를 밝힌다.

　유대 상술의 기초이자 돈벌이의 기본은 숫자에 익숙하고 계산에 능하다는 것이다. 돈을 벌고 싶다면 평소에도 숫자를 적극적으로 활용하고 숫자와 친해져야 한다. 장사할 때만 숫자를 가까이하면 뒤처질 수밖에 없다.

이론적으로 해명하기 어려운 일을 마주할 때도 우리는 "거참 이상하네요."라고 하면서 고개를 갸웃하는 경향이 있다.

그래서 돈을 못 버는 거라고 나는 말해 주고 싶다.

'이상하다'에 그치기보다는 숫자 단위로 접근해야 한다. 숫자를 토대로 생각하면 이론적으로 해명할 수 있다.

'불가사의'보다 큰 숫자—'무량대수'

숫자 단위를 나열해 보자.

일, 십, 백, 천, 만부터 시작해 억, 조, 경…. 여기까지는 대부분 잘 안다. 그런데 그 위의 단위부터는 생소하다. 경京 위에 해垓, 자秭, 양穰, 구溝, 간澗, 정正, 재載, 극極, 항하사恒河沙, 아승기阿僧祇, 나유타那由他, 불가사의不可思議의 단위가 존재한다. 불가사의보다 큰 단위가 무량대수無量大數이다. 불가사의는 헤아릴 수 없을 만큼 큰 단위이지만 무량대수보다는 작다. 평소 숫자를 멀리하는 일본인 중에 불가사의가 숫자의 단위라는 사실을 알고 있는 사람이 과연 몇 명이나 될까?

유대인은 항상 가방 안에 대수계산자(복잡한 수의 계산을 간단히 할

28

수 있도록 만든, 서로 평행으로 움직이는 두 개의 자 형태의 기구)를 가지고 다닌다. 그들은 숫자에 있어 절대적 자신감을 가진다.

유대 상술에는 법칙이 있다. 그 첫 번째 전제 조건이 숫자에 능통해야 한다는 것이다.

유대인들은 "원칙(법칙)에서 벗어나면 부자가 될 수 없어. 돈에 욕심이 없는 사람은 마음 가는 대로 편하게 살아도 돼. 세상에는 돌을 세공하면서 행복을 느끼는 사람도 있으니까. 하지만 돈을 벌고 싶다면 결코 원칙에서 벗어나면 안 돼!"라고 자신 있고 당당하게 말한다.

그럼 유대 상술의 법칙에는 오류가 없을까?

이에 대해 유대인들은 "그렇다니까. 이 법칙은 유대 민족 5000년 역사를 통해 입증되었어!"라며 자부심을 드러낸다.

세계의 지배자,
그 이름은 '유대 상인'

전후 일본경제는 눈부신 성장을 이루었다.

제2차 세계대전 이후 만신창이가 된 일본을 이렇게 기사회생시킨 건 유대인들이다. 유대인 바이어가 일본의 물건을 사주지 않았더라면 일본은 달러를 벌 수도, 부를 축적할 수도 없었다.

유대인이라고 무조건 이스라엘 사람을 가리키는 것은 아니다. 국적은 제각각이다. 미국인을 비롯하여 소련인(지금의 러시아인), 스위스인, 갈색 피부를 가진 시리아인도 있다. 국적은 달라도 유대인은 뾰족한 매부리코와 2000년 동안 박해받은 역사를 간직한 하나의 민족이다. 그러한 유대민족이 오늘날 세계의 지배자로 군림하고 있다고 해도 과언이 아니다.

미국 전체 인구의 2퍼센트도 채 안 되는 유대인들이 미국을 지배하고 있다.

세계 각지에 뿔뿔이 흩어져 사는 유대인을 한데 모두 모아도 고작 1,300만 명에 불과하다. 이는 일본의 수도 도쿄 인구와 비슷한 숫자이다. 그런데도 유대인의 손을 거친 것 중에는 위대한 역사적 발견이나 인류 불후의 명작이 셀 수 없이 많다.

얼핏 생각나는 유대인들만 꼽아보더라도 피카소, 베토벤, 아인슈타인, 마르크스, 예수 그리스도…. 이 정도 급이다.

세계를 견인하는 유대인 군상群像

그렇다. 예수 그리스도도 유대인이다. 세상에는 유대인이 예수를 죽였고, 예수는 유대인이 아니라고 생각하는 사람들이 많은 듯한데 예수도 유대인이다.

유대인이 믿는 유대교는 하나의 신만을 섬기는 유일신교이다. 그래서 '신의 아들' 메시아 예수는 존재하지 않는다고 생각한다. 유대인은 자신을 '신의 아들'이라 지칭하는 예수의 신성을 인정하지 않을 뿐이다.

"유대인이 유대인을 처형했다는 이유로 세계 곳곳에서 무려 2000년 동안이나 박해를 받았어요. 세상에 이렇게 어처구니없는 일이 있나요. 예수가 처형당한 것과 우리와는 아무 상관이 없고, 전 세계 사람과도 전혀 무관한 일인데 말이죠."

　예수와 관련된 이야기가 나올 때마다 유대인들은 억울한 심정
으로 이렇게 개탄한다.

　자유세계의 상징인 예수가 유대인이라면, 공산주의의 '신' 마르
크스 또한 유대인이다.

　"자본주의와 공산주의의 대립도 어떻게 보면 두 유대인의 사상
대립에 지나지 않아요. 두 사람 모두 같은 동포입니다."라고 말하
며 유대인들은 미국과 소련이 대립할 때마다 갈등이 고조된 양국
을 향해 찬물을 끼얹었다.

　세계적인 재벌 로스차일드나 천재 화가 피카소, 20세기의 위대
한 과학자 아인슈타인이나 제2차 세계대전 당시의 미국 대통령

루스벨트 그리고 역사적인 미·중 수교를 이끈 일등 공신 키신저 백악관 특별보좌관도 모두가 유대인이었다. 하지만 그보다 나에게 더 크게 와닿는 것은 미국과 유럽에서 막강한 영향력을 행사하는 대다수 상인이 유대인이라는 사실이다.

나처럼 미국과 유럽에서 무역상을 하려면 원하든 원하지 않든 반드시 유대인을 상대해야 한다. 유대 상인이 전 세계를 지배하고 있기 때문이다.

깨끗한 돈,
더러운 돈이 따로 없다

일본인은 돈을 벌 때도 그 돈의 태생을 따진다.

술장사나 모텔 등으로 번 돈은 '더러운 돈'이고, 성실한 노동을 통해 얻은 쥐꼬리만 한 임금은 '깨끗한 돈'이라는 식으로 구분 짓기 좋아한다.

이는 난센스 중의 난센스다.

라멘을 팔아 번 지폐에 "이 돈은 라멘 장사로 번 돈입니다."라고 쓰여 있지 않듯 술집 마담의 주머니 속 지폐에도 "술에 취한 사람에게 바가지 씌워 번 돈입니다."라고는 적혀 있지 않다.

돈에는 출신 성분도 이력도 달리지 않는다.

그러므로 이 세상에 '더러운 돈'이란 없다.

현금주의에 철저하라

유대인은 현금주의에 철저하다. 유대 상술의 관점에서 보면 천재지변과 산업재해로부터 자신의 목숨을 지켜주고 안전한 생활을 보장해 주는 것은 오직 현금뿐이다.

유대인은 은행의 예금마저 신용하지 않는다. 오로지 자신의 지갑이나 금고에 든 현금만 신봉한다. 비즈니스 거래 관계에서도 상대방의 모든 것을 현금화된 가치로 평가한다.

'저 사람이 지금 착용한 것들을 팔면 얼마일까?'

'오늘 시점에서 저 회사의 자산을 현금으로 환산하면 얼마나 될까?'

평가는 모두 '현금화' 값으로 매겨진다. 1년 뒤 거래처가 억만장자가 될 것이 분명해 보여도, 당장 내일 이변이 일어나 일신상에 문제가 생기지 말라는 보장이 없기 때문이다. 인간이나 사회, 자연은 하루하루 변해간다는 것이 유대교의 섭리이고, 유대인의 신념이다. 유일하게 변하지 않는 게 있다면 그것은 바로 현금이다.

이자를 받기 위한
은행예금은 손해다

유대인들이 은행예금조차 신용하지 않는 데는 이유가 있다.

은행에 돈을 맡기면 이자가 정확하게 붙어 예금액은 증가한다. 하지만 예금에 이자가 붙어 돈이 불어나는 동안 물가도 상승하기에 그만큼 화폐가치는 떨어진다. 게다가 본인이 사망하게 되면 상속세라는 명목으로 상당한 금액을 나라에서 쓸어 간다.

제아무리 부자라도 3대에 걸쳐 상속세를 세 번 내면 빈털터리로 만들어버리는 것이 세법의 원리이다. 이는 전 세계 어디나 마찬가지이다.

현재 일본에는 무기명예금(비실명예금) 제도가 있긴 하지만 누구나 가입할 수 없는 데다, 조만간 서구처럼 폐지될 것으로 보인다. 결국 재산을 현금으로 보관하는 편이 유산상속세를 내지 않는 데 유리하다.

이처럼 유산상속세만 놓고 보더라도 은행예금은 손해라는 것이 유대인들의 생각이다.

현금은 이자가 붙지 않아 돈이 불어나지 않지만, 은행에 보관하는 증거를 남겨 상속세로 빼앗길 우려 또한 없다. 늘지는 않지만 줄지도 않는 것이다. 유대인에게 '줄지 않는다'라는 것은 '손해 보지 않는다'의 가장 초보적인 기본 수칙이다.

대여금고는
안전하지 않다

1968년 가을, 나는 뉴욕에서 액세서리 사업을 하는 디몬드 씨의 사무실을 찾아갔다. 미국에서 알아주는 최고급 액세서리 상인인 그는 두말할 나위 없이 유대인이다. 디몬드 씨는 예전부터 은행 무용론을 주장해 온 사람이다.

그때 나는 실례가 되는 부탁을 했다.

"디몬드 씨, 괜찮으시다면 당신이 보유하고 있는 현금을 구경해 보고 싶습니다."

디몬드 씨는 흔쾌히 허락해 주었다.

"그러세요. 내일 은행으로 오세요."

다음 날 아침 나는 디몬드 씨와 은행에서 만났다.

디몬드 씨는 은행의 지하 깊숙한 곳에 있는 어두컴컴한 금고로 나를 데리고 들어갔다.

디몬드 씨가 보여준 금고는 장관이었다. 금고 속에는 각종 지폐와 금괴가 가득 쌓여 있었다. 일본 돈으로 대략 20~30억 엔은 족히 되어 보였다.

지폐는 빳빳한 신권부터 시장에서 받아줄까 싶을 정도로 낡은 50~60년 전 구권까지 다양했다. 디몬드 씨는 이 돈을 은행에 '예금'하지 않고 안전하게 '보관'하고 있었다.

은행 금고는 빛 좋은 개살구

1970년 1월, 출장차 일본에 온 디몬드 씨가 내 사무실을 찾았다. 나는 뉴욕에서의 일에 보답하는 의미로 "오늘은 제 금고를 보여드리겠습니다."라고 제안했다. 금고는 회사와 같은 건물 1층에 있는 S 은행 신바시 점 금고실에 있었다.

엘리베이터를 타고 지하 1층에서 내리자 입구 쪽 데스크에 있는 여성 은행원이 친절하게 다가왔다.

"어서 오십시오. 후지다 님, 몇 번이시죠?"

내가 번호를 말하자 은행원이 열쇠로 금고를 열어주었다.

"오! 노우!"

사무실에 돌아온 디몬드 씨는 다소 과장된 몸짓으로 나에게 충고했다.

"나는 저렇게 위험한 금고에는 절대로 맡기지 않을 겁니다. 엘리베이터에서 내리면 바로 금고가 보이고, 게다가 가녀린 여직원이 열어주고 있잖아요. 만약에 은행강도가 기관총을 가지고 나타나기라도 하면 누가, 어떻게 당신의 재산을 지켜줄 수 있죠? 나는 저런 금고에 내 재산은 절대로 못 맡겨요. 금고는 절대적으로 안전이 보장된 곳에 있어야 해요. 일본의 은행 금고는 빛 좋은 개살구입니다. 항상 위험에 노출되어 있으니까요."

디몬드 씨는 끔찍하다는 듯이 몸을 움츠렸다. 그리고 처음 구경한 일본의 금고가 몹시 걱정스러웠는지 쉬지 않고 잔소리했다.

"내가 은행에 현금을 맡기는 건 안전하게 내 재산을 보호해 주기 때문입니다. 일본의 은행 금고는 겉만 그럴싸한 서비스에 불과해요. 위험 요소가 너무 많습니다."

은행조차 신용하지 않는 유대인의 눈에 일본의 은행 금고는 도저히 현금을 보관할 수 없는 곳처럼 느껴지는 모양이다.

상술로 이끄는
여성의 소비 문화

유대 상술에 상품은 딱 두 가지뿐이다. 바로 '여자'와 '입'이다.

20년 가까이 무역 사업을 하는 중에 나는 이 말을 유대인들에게서 몇 번이고 반복해서 들었다. 유대인들은 이를 '유대 상술 4000년 동안 검증된 공리公理'라고 한다. 공리이기 때문에 따로 입증할 필요가 없다는 것이다.

입증 대신에 간단히 설명하자면 이렇다.

서기 1972년은 유대력 5732년에 해당한다. 유대인의 달력에는 1972년이 '5732년'이라고 표기되어 있다. 5700년의 유대인 역사의 가르침에 따르면 남자는 밖에서 돈을 벌고, 여자는 남자가 벌어다 준 돈으로 살림을 한다고 알려준다. 상술이란 다른 사람을 구슬려 그 돈을 가져오는 것인 만큼 동서고금을 막론하고 돈을 벌고 싶다면 여성을 공략해 그들이 가지고 있는 돈을 가져와야 한다는 것이다. 이것이 유대 상술의 공리이고 "여성을 공략하라."라는 말은 유대 상술의 금언金言이다.

상술에 특출난 재능을 가지고 있다고 생각하는 사람은 여성을 상대로 장사하면 반드시 성공할 수 있다. 못 믿겠으면 속는 셈 치고 한번 시도해 보길 바란다. 틀림없이 돈을 벌게 될 것이다.

반대로 장사를 통해 남자의 돈을 가져오려면 여자를 상대하는 것보다 10배 이상의 노력이 필요하다. 그 이유는 남자는 원래 돈이 없기 때문이다. 정확하게 말하면 돈을 쓸 권한이 없다.

이와 달리 여성을 상대로 장사하면 쉽게 지갑이 열린다. 아름답게 반짝이는 다이아몬드, 화려한 드레스. 반지, 브로치, 목걸이 등과 같은 고급 액세서리, 고급 핸드백….

이런 상품들은 막대한 이윤을 상인에게 안겨준다. 장사꾼이라면 결코 외면할 수 없는 유혹이다. 여성들을 공략해 가방 한가득 이윤을 꾹꾹 눌러 담아보자.

'입'을 공략하면
돈이 굴러오는 이유

여성용 상품은 많은 돈을 벌어다 주지만, 이런 상품을 취급하려면 고도의 재능이 뒷받침되어야 한다. 상품 선택부터 판매에 이르기까지 '장사의 재능'이 요구된다.

하지만 유대 상술의 두 번째 상품인 '입'은 평범한 사람은 물론이고 평범 이하의 재능을 가진 사람도 할 수 있는 장사이다. '입'이란 '입에 들어가는 음식을 취급하는 장사'를 말한다.

예를 들어 채소 가게, 생선 가게, 술 가게, 건어물 가게, 쌀 가게, 제과점, 과일 가게 등이 대표적이다. 그리고 이곳의 식품을 가공해서 판매하는 요리점, 음식점, 레스토랑, 빵집, 술집, 클럽도 해당한다. 극단적으로 말해 입에 들어가는 것이라면 독약도 상관없다. 입에 들어가는 먹을거리를 제공하는 장사는 반드시 돈이 되

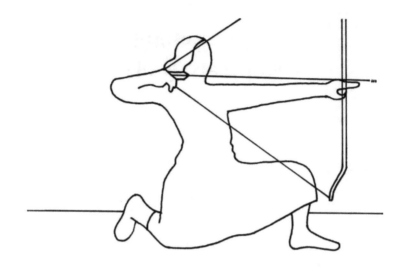

고 수익을 기대할 수 있다.

　입으로 들어가는 것을 취급하는 장사가 벌이가 된다는 것은 과
학적으로도 설명된다. 입으로 들어간 것은 반드시 소화되고 배설
된다. 한 개에 50엔짜리 아이스크림이나 한 접시에 1천 엔인 스테
이크도 수 시간 후에는 찌꺼기가 되어 배출된다. 다시 말해 입으
로 들어간 상품은 조각조각 소비되어 수 시간 후에는 새로운 상품
을 다시 찾을 수밖에 없는 것이다.

　판매된 상품이 그날 중에 소비되고 폐기되는 이런 류^類의 상품
은 먹을거리 외에는 없다. 토요일이나 일요일도 쉬지 않고 돈을

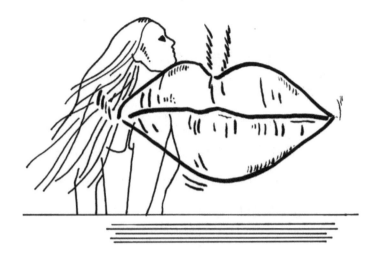

벌어다 주는 것은 은행예금 이자와 입으로 들어가는 상품뿐이다. 틀림없이 돈벌이가 된다.

하지만 입으로 들어가는 상품은 여성용 상품만큼 큰 수익을 기대하기 힘들다. 유대 상술에서 여성용 상품을 '제1의 상품'이라 하고, 입으로 들어가는 상품을 '제2의 상품'이라고 부르는 이유가 여기에 있다.

유대인 다음으로 상술에 특출난 재능이 있기로 알려진 화교 중에는 유독 제2의 상품을 취급하는 사람들이 많다. 유대 상인이 화교보다 장사를 잘한다고 자부하는 이유는 유대 상인의 대부분이

제1의 상품을 취급하기 때문이다.

햄버거로 일본인을 금발로 개조改造하다

나는 그동안 핸드백이나 다이아몬드와 같은 제1의 상품을 취급해 왔는데, 올해부터는 제2의 상품 영역으로도 손을 뻗게 되었다. '일본 맥도날드'라는 회사를 설립하고 그곳의 사장으로 취임하게 된 것이다. 이 회사는 미국 최대 햄버거 업체인 맥도날드와 제휴를 맺고, 일본인에게 햄버거를 저렴하게 제공하겠다는 포부를 가지고 있다.

일본인은 총체적으로 단백질 섭취가 부족한 편이다. 그래서 신장도 작고 체력이 약하다. 국제 경쟁에서 이기려면 우선 체력부터 키워야 한다. 내가 햄버거를 선택하게 된 것도 일본인의 체질을 바꾸고 싶었기 때문이다.

일본인이 고기와 빵 그리고 감자가 들어간 햄버거를 앞으로 천년 정도 꾸준히 먹게 된다면, 일본인도 하얀 피부와 금발을 한 사람으로 변신할 수 있을 것이다. 나는 햄버거를 통해 일본인을 금발로 개조하고 싶다.

흔히 볼 수 있는 넥타이를 예로 들어 보겠다. 서양에서는 금발과 파란 눈을 가진 사람에게 어울리는 패턴, 갈색 머리에 회색 눈을 가진 사람에게 어울리는 패턴 등 머리카락과 눈동자 색깔에 어울리는 패턴이 들어간 디자인들이 많다.

그런데 일본인은 모두 황색 피부에 검은 머리, 검은 눈을 가지고 있다. 그렇다면 어울리는 색은 딱 하나이다. 바로 추신구라忠臣蔵(에도시대에 일어난 아코 사건을 바탕으로 만들어진 분라쿠 및 가부키 공연을 일컫는다)의 색—옥색 같은 하늘색이다. 일본의 디자인 분야가 뒤처진 것도 어울리는 색이 한 가지밖에 없기 때문이다.

황색 피부와 검은 머리, 검은 눈을 한 일본인은 전형적인 단일민족이며 단일국가다. 이렇게 단순한 국가조차 컨트롤(통제하고 조절하는 일)하지 못하는 정치인과 기업인에게는 세계 제패 같은 문제는 꿈같은 이야기에 지나지 않는다.

일본인이 금발이 될 때야말로 일본인은 세계에서 인정받게 될 것이다. 일본인이 금발이 되는 날까지 나는 열심히 햄버거를 제공할 작정이다.

외국어는 비즈니스 승자의
필수 아이템

사업에서 요구되는 핵심역량은 정확하고 신속한 판단력이다. 유대인과 거래하다 보면 그들의 빠르고 정확한 판단력에 혀를 내두르게 된다.

전 세계를 무대로 사업을 전개하는 유대인들은 최소 2개 국어 이상은 기본으로 할 줄 안다. 모국어로 생각함과 동시에 외국어로도 생각할 수 있다는 것은 다른 시각으로 폭넓게 이해할 수 있는 능력을 갖췄다는 의미이다. 이는 국제적인 비즈니스에서 유리한 위치를 점하는 부분이라 할 수 있다. 그래서 모국어밖에 못 하는 사람보다 훨씬 정확한 판단을 내릴 수 있고 국제적인 비즈니스에서 유리한 위치를 점할 수 있는 것이다.

예를 들어 유대인이 자주 사용하는 '니블러nibbler'라는 영어 단어가 있다. 이는 'nibble'이라는 동사에서 나온 말로 낚시할 때 물고기가 미끼를 툭툭 건드려 보는 상태를 말한다.

물고기는 'nibble' 상태에서 재빨리 미끼만 따먹고 도망치지 못하면 낚싯바늘에 걸리게 된다. 그런 의미로 거래 관계에서 '니블러'는 미끼만 냉큼 먹고 도망치는 수법을 쓰는 상인을 칭한다. 그런데 일본어에는 '니블러'와 비슷한 뜻의 단어가 없다. 즉, 일본어만 할 줄 아는 상인은 '니블러'를 이해하지 못해 '니블러'에게 두 눈을 빤히 뜨고 당하게 된다. 다른 각도에서 보면 그런 일본인은 '니블러'가 될 수조차 없다는 의미이다. 유대 상인 중에는 '니블러'가 제법 많아 통역을 끼고 협상하다가는 십중팔구 그들의 미끼가 되고 마는 것이다.

국제 상인의 첫 번째 관문—영어

모국어밖에 못 한다는 것은 그 사람의 생각이 기껏해야 유교 내지는 불교 정신을 기반으로 이루어져 있음을 의미한다. 이들은 유교와 불교 문화에 익숙지 않은 사람과 마주하면 대화가 안 통해 긴 시간 동안 대응 방법을 찾지 못하고 우왕좌왕하다 끝나고 만다. 이런 식으로는 제대로 된 협상을 할 수 없다.

돈을 벌고 싶다면 최소한 영어 정도는 자유롭게 구사할 수 있어야 한다. 세계에서 가장 어렵다는 일본어를 능숙하게 구사하는 일본인이 쉬운 언어에 속하는 영어를 못 한다는 것이 오히려 더 이상하다.

나는 뒤에서도 말하겠지만, 비록 영국 영어이긴 하지만 학창 시절에 영어를 마스터한 덕분에 지금 '긴자銀座의 유대인'이라 불릴 정도로 재력과 국제 사업가의 지위를 얻을 수 있었다.

영어 구사는 돈을 벌기 위한 첫 번째 조건이며, 영어와 돈은 불가분의 관계라고 해도 과언이 아니다.

암산에
능통하라

유대인은 암산 천재다. 그들의 판단이 신속한 이유는 빠른 암산 능력 덕분이다.

한 유대인을 일본의 트랜지스터라디오 공장에 안내했을 때의 일이다. 한동안 말없이 여성 노동자의 작업을 빠히 지켜보던 그 유대인은 공장 안내 담당자에게 조용히 물었다.

"그녀들의 시간당 임금은 얼마인가요?"

안내 담당자는 눈을 굴려 가며 계산하기 시작했다.

"에… 평균 월급이 2만 5,000엔이니까, 한 달 근무일인 25로 나누면, 하루에 1,000엔. 하루 8시간 노동이니까 1,000엔을 8로 나누면 1시간엔 125엔. 125엔을 달러… 아니지 이것을 센트로 환산하면…."

계산한 결과가 나오기까지 족히 2~3분은 걸린 듯했다. 그런데 그 유대인은 월급이 2만 5,000엔이라는 말을 듣자마자 "그럼 시간당 35센트 정도 되겠네요." 하고 바로 산출해 냈다. 공장 담당자가 계산을 마칠 즈음에는 이미 여성 노동자 수와 생산능력 그리고 자재비 등을 고려하여 트랜지스터라디오 한 대당 가져갈 수 있는 그의 수익률까지 계산이 끝난 상태였다.

빠른 암산 덕분에 유대인은 언제나 빠른 판단을 내린다.

반드시
메모하라

유대인은 중요한 내용이라면 때와 장소를 가리지 않고 메모부터 한다. 이런 메모들이 그들의 정확한 판단에 얼마나 도움이 되는지는 모른다.

그렇다고 항상 메모장을 손에 들고 다니는 것도 아니다. 유대인은 메모지로 빈 담뱃갑을 사용한다. 그들은 담배를 사면 담배는 곧장 담배 케이스에 옮겨 담고, 빈 갑을 주머니에 넣어 둔다. 그러다 협상 중간에 기록이 필요하면 그 담뱃갑을 꺼내 뒷면에 바로 메모하고, 나중에 메모장에 옮겨 기록한다.

유대인은 메모하며 '애매모호함'이 발생할 가능성을 원천적으로 차단한다. 아무리 신속하고 정확하게 판단을 내린다 해도 가장 중요한 날짜, 금액, 납기 등이 애매해지면 모든 것은 어그러지고 만다.

일본인은 중요한 내용을 흘려듣고 어렴풋이 기억나는 대로 해결하려는 나쁜 습관이 있다.

"그날 납기는 ○월 ○일이라고 했었지? 아닌가… ×일이었나?"

아무렇지 않게 이런 말들을 내뱉는다. 때로는 애매모호함을 시치미 떼는 용도로 활용하기도 한다. 하지만 상대가 유대인이라면 이런 태도는 전혀 먹히지 않는다.

"아! 착각했어요. △일이었네요. 저는 철석같이 ○일이라고 생각하고 있었어요."

이렇게 변명해 봤자 이미 늦었다. '계약 파기 및 채무불이행으로 인한 손해 배상 청구'라는 사태로까지 발전할 수 있다.

유대 상술에서는 애매모호함이나 착각은 용납되지 않는다. 사소한 것도 귀찮아하지 말고 꼭 메모해 두어야 한다.

다양한 지식으로
무장하라

유대인과 지내다 보면 그들이 만물박사라는 걸 실감하게 된다. 수박 겉핥기식의 얕은 지식이 아니라 상당히 전문적이고 해박하다. 유대인과 식사하면서 대화를 나누면 그들은 정치, 경제, 역사, 스포츠, 여가 활동에 이르기까지 다양한 주제에 지식이 풍부하여 감탄하게 된다. 유대인은 사업과 전혀 상관없는 분야에 대해서도 깊은 식견을 가지고 있다. 예를 들어 대서양 해저에 서식하는 물고기의 이름, 자동차 구조, 식물의 종류에 관한 지식도 전문가 뺨치는 정보를 갖추고 있다.

이처럼 풍부한 정보와 지식은 대화를 다채롭게 하고, 인생을 풍요롭게 할 뿐만 아니라 사업가로서 적확한 판단을 내리는 데 지대한 역할을 한다. 풍부한 배경지식이 뒷받침된 넓은 시각, 그 시각을 바탕으로 유대인은 매번 정확한 판단을 내린다.

"상인은 주판만 튕길 줄 알면 된다."라고 생각하는 일본인의 사고방식이 얼마나 편협하고 유대 상술과 대치되는 생각인지 굳이 강조하지 않아도 알 것이다.

매사를 단편적인 시각으로 바라보는 사람은 인간으로서도 매력이 없지만, 상인으로서도 실격이다.

단소短小 콤플렉스 해결법

일본인 남성은 '단소(작은 성기)', 일본인 여성은 '작은 가슴'에 콤플렉스를 가진 사람이 많다. 유대인은 음담패설을 싫어하는 편인데, 어쩌다 보니 이런 대화를 나누게 된 적이 있었다. 유대인은 아무렇지 않다는 듯 이렇게 말했다.

"위에서 내려다보니까 그렇지요. 정면을 거울에 비춰 보면 되잖아요. 그럼 작은 성기, 작은 가슴에 대한 콤플렉스를 날려버릴 수 있을 겁니다. 모든 게 다 그렇습니다. 위에서도 보고 아래에서도 보고 각도를 바꿔서도 볼 필요가 있습니다."

오늘의 싸움을
내일로 끌지 않는다

유대인은 협상 자리에서 늘 웃는다. 날씨가 쾌청한 아침은 당연히 "굿모닝!"이고, 비바람 치는 아침에도 활짝 웃으며 "굿모닝!" 하며 인사를 한다.

그런데 정작 협상에 들어가면 난항에 부딪힌다.

유대인은 유독 금전 계약에 대해서는 무척 까다롭고 꼼꼼하다. 이익의 1푼 1리, 계약서의 세세한 서식까지도 입에 거품을 물고 따져 묻는다. 때에 따라선 격렬한 논쟁을 벌이기 일쑤다.

유대인은 일본인이 좋아하는 '좋은 게 좋은 주의'를 절대로 용납하지 않는다. 의견이 갈라지면 어느 쪽 의견이 타당한지 철저하게 따진다. 논쟁이 격해지면 욕설이 오가는 경우도 부지기수다. 하루 만에 협상이 원활하게 끝나는 경우는 거의 없다. 첫날은 대부분 싸우다 끝이 난다.

나도 지금까지 유대인들과 치열하게 격론을 펼친 적이 많다. 싸우다 헤어지기를 몇 번이나 했는지 모르겠다.

우리는 이런 경우 대체로 협상을 깨고 싶어 한다. 협상을 이어간다 해도 싸운 뒤 상당히 오랫동안 냉각 기간을 갖고 싶어 한다. 그렇게 하지 않으면 서로 민망해져 얼굴을 제대로 쳐다볼 수 없기 때문이다.

그런데 유대인은 싸우고 헤어진 바로 다음 날에도 아무 일 없었다는 듯 웃으면서 "굿모닝!" 하고 다가온다.

우리 쪽은 어제 싸운 흥분이 채 가시지 않은 상태이다 보니 어이가 없고 당혹스럽기만 하다. 아무튼 뒤통수를 크게 한 방 맞은 듯한 기분이 든다.

'뭐가 굿모닝이라는 거야, 이 코쟁이야. 설마 어제 일을 잊은 건 아니겠지? 이 빌어먹을 녀석아!'

이렇게 한바탕 쏘아주고 싶은 감정을 꾹꾹 누르며 애써 아무렇지 않은 듯이 손을 내밀게 된다. 하지만 발끈하는 마음은 여전히 가라앉지 않는다.

이 상태가 되면 7할 정도는 적敵의 술책에 넘어간 것이나 다름없다. 우리의 심리적 동요를 간파한 적은 활짝 웃으며 주도권을 쥔 채로 공격해 온다. 얼빠진 우리는 필사적으로 응전하지만, 정신을 차렸을 땐 이미 적이 원하는 조건을 다 들어주고 난 이후이다. 늘 그렇게 끝이 난다.

'인내'를 뒷받침하는 논리

유대인은 다음과 같이 말한다.

"인간의 세포는 시시각각 변하고 날마다 새롭게 생성된다. 그러니 어제 싸웠던 당신의 세포는 죽고, 오늘 아침 새로운 세포로 바뀌어 있다. 배가 부를 때와 배가 고플 때의 생각은 다르다. 나는 당신의 세포가 바뀌기를 기다렸을 뿐이다."

2000년 동안 박해받은 역사에서 견뎌온 인고의 세월을 유대인은 결코 헛되이 보내지 않았다. 참으면서도 얻어야 할 것은 확실하게 얻어내는 유대 상술을 이어오고 있다.

"인간은 변한다. 인간이 변하면 사회도 변한다. 사회가 변하면 유대인은 반드시 부활할 것이다."

이는 유대인이 2000년의 인내 속에서 터득한 낙관주의이자, 유대인 역사 속에서 꽃피운 민족정신이다.

위험 선을 넘지 않는
유대인의 손절법

유대인은 상대방의 마음이 바뀔 때까지 끈질기게 기다린다. 하지만 계산기를 두드렸는데 수지타산이 맞지 않으면 3년은 고사하고 반년이 채 안 돼도 손절해 버린다.

유대인은 어떤 장사에 자금과 인력을 투입하기로 결심하면 1개월 뒤, 2개월 뒤, 3개월 뒤의 청사진까지 세 가지를 준비한다.

그들은 한 달이 지나 예상했던 청사진과 실적 사이에 적지 않은 괴리가 있어도 불안한 행동이나 동요하는 모습을 전혀 보이지 않는다. 그리고 더 많은 자금과 인력을 아낌없이 투입한다.

두 달이 지났는데 청사진과 실적 사이의 거리가 좁혀지지 않더라도 유대인은 묵묵히 추가적인 투자를 지속한다.

문제는 3개월째의 실적이다. 이 단계에서도 청사진대로 실적이 나오지 않으면, 앞으로 장사가 호전될 것이라는 확실한 전망이 서지 않는 한 냉정하게 손절한다. 지금까지 투입한 자금과 인적 노력을 미련 없이 포기하는 것이다. 장사는 비록 실패했지만 더 이상 골칫거리를 짊어지고 가지 않아도 되니 오히려 속이 후련하다는 표정이다.

유대인은 최악의 경우까지를 고려해 3개월 동안 투입할 수 있는 매몰 비용을 사전에 계산해 둔다. 그 허용범위 내에서 도전했기 때문에 미련을 두지 않고 태연자약하게 손을 털어 버리는 게 그들의 사고방식이다.

'오뚝이 정신'은 장사에 문외한

일본인은 일을 '키우는' 경향이 있다.

'여기까지 어렵게 왔는데 조금 더 힘내야지!'

'지금 그만두면 3개월간의 노력은 물거품이 되는 거야.'

이렇게 미련을 버리지 못하고 꾸역꾸역 장사를 끌고 간다. 그러다 결국 깊은 수렁에 빠지며 더 이상 재기가 안 될 정도로 타격을 입는다.

성공의 최대 요인이 끈기 있는 노력이라고 믿는 것이다. '참고 견디면 때가 온다, 하루아침에 되는 일은 없다, 고생 끝에 낙이 온다'면서 자신을 다독인다. 일본인이 성공할 수 있었던 최대 요인은 끈기 있게 노력했기 때문이라고 믿는 것이다. 하지만 그런 정신으로는 유대 상술의 발끝에도 못 따라간다. 2000년에 이르는 박해를 견뎌온 유대인은 그 자리에서 할복해 죽으려는 일본인보다 인내심이 훨씬 강한 민족이다. 그런 유대인도 최소한 3개월만 기다린다.

'빠른 손절'—반드시 기억해야 한다.

사장은
'돈이 되는 회사'를 만들어라

유대인은 3개월을 투자해 보고 돈이 안 되겠다 싶으면 미련 없이 장사를 접을 정도이니, 자신의 피와 땀으로 일궈낸 회사에 대해서도 사사로운 감정 따위는 품지 않는다. 장사에 감정이 개입되면 안 된다는 사실을 유대 상인은 누구보다 잘 안다.

유대인이 믿는 건 오직 3개월이라는 숫자이며. 개인적인 감정은 절대 계산에 넣지 않는다. 장사의 목적이 돈을 벌기 위함이라면 냉정하고 철저한 합리주의자가 되어야 한다.

유대인은 자신이 경영하는 회사조차도 돈이 된다면 언제든 팔아 버릴 준비가 되어 있다. 유대 상술에서는 회사를 팔아 높은 이윤이 생긴다면 회사조차도 훌륭한 상품이 된다.

영세한 공장을 눈물겹게 고생하여 중견기업까지 키웠어도, 매각 적기라고 판단하면 알토란 같은 자기 회사를 과감하게 팔아 버리는 유대인의 사례를 나는 수없이 보고 들었다. 사업이 잘되는 지금이야말로 회사를 비싼 값에 팔 수 있는 절호의 기회라고 생각하는 것이 유대 상술의 셈법이다. 유대인은 실적이 좋은 회사를 만들면서 재미를 보고, 그 회사를 팔아 돈을 벌면서 재미를 본다. 그리고 돈을 잘 버는 또 다른 회사를 만들면서 재미를 느낀다. 유대식 '회사관^{會社觀}'은 회사 가치를 높여 비싼 값에 팔아치우는 것이다. 그러므로 회사란 애정의 대상이 아닌 이익을 짜내는 도구에 지나지 않는다.

따라서 온몸을 바쳐 돈도 안 되는 회사를 죽기 살기로 살리려는 어리석은 짓은 절대로 하지 않는다. 유대 상술의 금언에 "회사에서 죽어라."라는 말이 있다. 이 말은 죽을 때까지 경제활동을 해라. 죽는 날까지 일을 멈추지 말라는 의미이지 회사를 끝까지 사수하라 뜻이 아니다.

결핵으로 돈을 번 미국의 일류 가방업체

S사는 현재 여행 가방의 대명사로 통한다. 여행 가방 업계에서 세계 1위의 매출을 자랑하는 회사로 도약하게 된 것은 사장의 결핵 덕분이었다.

역시나 사장은 유대인이다.

S사의 본사는 원래 공기가 안 좋은 시카고에 있었다. 어쩌다 폐결핵에 걸린 사장은 주치의로부터 공기 좋은 남부지방에서 요양할 것을 권유받고 시카고의 회사를 처분하고 남부로 내려갔다. 그런데 그는 조용히 요양에 집중하지 못하고 그곳에 공장을 세워 다시 여행 가방을 제작하기 시작했다.

시카고에 있는 회사를 미련 없이 팔아치운 대담함도 그렇지만, 아픈 몸으로 남부에 공장을 세워 "회사에서 죽어라."라는 유대 상술의 수칙을 충실하게 지키려 한 태도를 가진 그는 분명한 유대인이었다. 그리고 이 유대 상술을 충실히 따르다 보니 그는 어느새 세계 제일의 여행 가방의 황제가 되어 있었다.

계약은
신과의 약속이다

유대인을 두고 '계약의 민족'이라고 한다. 유대 상술의 진수는 '계약'에 있다. 유대인들은 체결된 계약은 무슨 일이 있어도 지킨다. 그렇기에 상대방에게도 계약대로 이행할 것을 엄격하게 요구한다. 계약대로 하지 않고 봐달라거나 적당히 넘어가는 것은 일절 허용하지 않는다.

유대인을 '계약의 민족'이라고 하듯이 그들이 신봉하는 유대교는 '계약의 종교'라고도 불리고, 구약성서를 '신과 이스라엘 민족 간의 계약서'라고 한다.

그들은 '인간이 존재하는 것은 신과 존재에 대한 계약을 맺었기 때문'이라고 믿는다.

유대인이 계약을 철저하게 지키는 것은 신과 계약했기 때문이다. 신과 나눈 약속은 무조건 지켜야만 한다.

유대인은 "사람 간의 계약도 신과의 계약과 마찬가지로 어겨서는 안 된다."라고 말한다. 따라서 유대 상인에게 채무불이행이란 세상에 존재하지 않는 단어일 수밖에 없다. 그로 인해 그들은 상대방의 채무불이행에 대해서는 엄격하게 책임을 추궁하고 가차 없이 손해 배상을 청구한다.

유대인이 일본인을 완벽하게 신용하지 않는 것은 계약을 지키지 않기 때문이다.

계약서도
상품이다

유대 상인은 돈이 된다 싶으면 자신의 회사도 상품처럼 팔아치울 정도이다 보니, 신과의 약속인 '계약서'도 아무렇지 않게 팔아버린다. 유대 상술에서는 회사나 계약서마저도 상품으로 취급한다. 믿기 힘든 일이지만 계약서를 사들이는 일만을 전문으로 하는 유대인도 있다. 계약서를 구매한 자가 계약서를 판 사람을 대신해 계약 절차를 수행해 주고 수수료를 챙기는 구조이다. 물론 신용할 수 있는 상인이 따낸 안전한 계약서만 사들인다.

이처럼 계약서를 매입해 안전하게 수익을 벌어들이는 약삭빠른 사람을 '팩터factor'라고 부른다. '팩터'와 같은 사업방식이 일본에는 없다 보니 이를 표현할 만한 마땅한 단어는 없다. 영어에서 'factor'는 일반적으로 '중매인' 또는 '대리상' 등으로 번역되는데,

어느 쪽도 적절한 번역이 아니다.

무역상들은 많든 적든 이 팩터들과 접촉하고 있으며 대기업 상사들도 마찬가지다. 특히 해외에 파견된 상사 직원이라면 거의 전부라 해도 좋을 정도로 팩터와 업무상 연결되어 있다.

유대인 팩터는 우리 회사로도 찾아온다.

"안녕하세요, 후지다 씨. 지금 뭐하고 계세요?"

"마침 뉴욕에 있는 고급 양화점과 10만 달러의 수입 계약을 따낸 참이었습니다."

"오, 축하드려요. 그 권리 저에게 양도하지 않으실래요? 20% 수익을 현금으로 드릴게요."

팩터는 계산이 빨라 바로 치고 들어온다. 이쪽도 꼼꼼히 따져 보고 20% 수익이 합당하다면 권리를 판다. 계약서를 손에 넣은 팩터는 곧장 뉴욕에 있는 양화점으로 달려가 "미스터 후지다의 모든 권리는 앞으로 나에게 있다."라고 선언한다. 나는 현금으로 20%의 수익을 벌고, 팩터는 고급 구두를 팔아 한밑천 잡게 된다.

'계약'이 '상품'이 되지 않는 일본의 풍토

팩터는 직접 계약을 따낸 것이 아닌 만큼 확실하게 신용할 수 있는 상인에게서만 계약서를 사들인다. 나도 팩터에 도전해 보고 싶지만, 계약서대로 잘 이행하지 않는 일본 업체를 상대하다가는 채무불이행이 속출해 손해배상청구에 시달리게 될 것 같아 엄두를 못 내고 있다.

어떻게 보면 일본 상인이 작성하는 계약서는 아직 상품으로서의 충분한 가치가 있는 수준이 아닐지도 모르겠다. 정상적인 상거래라는 관점에서 볼 때 일본은 아직 후진국이다.

목매단 사람의
발을 잡아당겨라

'만세꾼'은 유대 상술이 아니다

팩터와 비슷한 듯해도 성격이 전혀 다른 것이 '만세꾼(경영난에 빠지거나 부도 직전의 기업을 헐값에 매입하는 기업사냥꾼과 비슷한 의미로 쓰임)이다. 만세꾼은 유대 상술처럼 보이지만 그렇지 않다.

그들의 수법을 소개하면 다음과 같다.

'만세'는 파산 또는 파산 직전의 기업을 말한다. 만세꾼은 부도 직전 또는 파산 직후인 기업을 찾아다니다가 먹잇감을 발견하면 독수리처럼 달려들어 피도 눈물도 없이 가격을 후려쳐 헐값에 사들인다. 만세를 부른 쪽은 조금이라도 부채를 줄여 보려고 울며 겨자 먹기로 이를 수락한다.

부도 직전의 기업은 하루라도 도산을 미루고자 만세꾼의 조건을 받아들이지만, 결국 이러지도 저러지도 못한 채 만세를 부르게 된다.

만세를 부를 것 같은 기업을 가만히 노리고 있는 만세꾼은 그나마 봐 줄 만하다. 악질적인 만세꾼 같은 경우 교묘한 술책으로 눈독을 들인 기업이나 제조사를 망가뜨리기도 한다.

예전에 나도 악질 만세꾼에게 걸리는 바람에 당시 미국 대통령이었던 케네디에게 진정서를 넣은 적이 있다. 이와 관련된 이야기는 뒤에서 자세히 풀어보겠다.

만세꾼은 기업에 대한 정보가 빠삭하여 만세를 부른 지 3시간만 지나면 뉴욕 전역에 소문이 퍼지게 된다.

"후지다 씨, A 업체가 파산했지요? 저에게 그 회사 제품을 알선해 주세요."

나도 모르는 정보를 뉴욕의 만세꾼에게 전해 듣고 놀란 적이 한두 번이 아니다.

'국적'도
돈벌이 수단이 된다

손을 더럽히지 않고도 똑똑하게 돈을 벌 수 있다. '팩터'나 '만세꾼'은 아니지만 10퍼센트의 수수료를 챙기고 영수증을 판매하는 '영수증꾼'이 그 전형적인 예이다.

손을 더럽히지 않고 매달 돈을 갈퀴로 쓸어 담는 대표적인 유대인 중 한 명이 바로 내 친구 로엔슈타인 씨다. 그는 뉴욕 엠파이어 스테이트 빌딩 앞 12층짜리 건물의 소유주이고, 그의 사무실도 그곳에 있다. 국적은 리히텐슈타인이고 본사도 리히텐슈타인에 있다. 하지만 태어난 곳은 리히텐슈타인은 아니다. 돈으로 국적을 산 것이다.

리히텐슈타인이라는 나라는 일금 7,000만 엔을 주면 국적을 내준다. 그 이후부터는 소득에 상관없이 매년 9만 엔의 세금을 내기만 하면 된다. 가난한 사람이든 부자든 9만 엔이라는 일률적인 세금이 부과되는데 그 이상은 어떠한 명목으로도 세금을 걷지 않는다. 그런 이유에서 리히텐슈타인은 전 세계 부자들이 선망하는 나라가 되었고, 국적을 구매하려는 문의가 쇄도했다. 하지만 고작 인구 1만 5,000명이라는 작은 나라인 만큼 그리 쉽게 국적을 허락하지는 않는다.

로엔슈타인 씨는 그 어렵다는 리히텐슈타인 국적을 취득한 사람이다. 그만큼 빈틈을 찾아볼 수 없는 인물이다.

대기업의 코를 꿰다

로엔슈타인 씨가 첫 번째 표적으로 삼은 상대는 오스트리아에서 선조 대대로 인조 다이아몬드 액세서리를 제작해 온 다니엘 스와로브스키 가문이다. 이 회사는 일본으로 치면 일본제철日本製鉄급의 대기업이었다.

스와로브스키 회사는 전쟁 동안 나치의 사주를 받고 독일군을 위한 쌍안경 등의 군수품을 제조했다는 이유로 제2차 세계대전 이후 프랑스군에게 징발당할 위기에 처했다.

그 당시 미국인이던 로엔슈타인 씨는 이 소식을 듣고 바로 다니엘 스와로브스키 가문과 협상을 시도했다.

"제가 징발을 피할 수 있도록 프랑스군과 협상해 보겠습니다.

성공하면 회사의 판매 대리권을 저에게 넘겨주시고, 제가 살아 있는 동안 회사 매출의 10퍼센트를 분배해 주셨으면 합니다. 어떠신지요?"

스와로브스키 가문은 뻔뻔하기 이를 데 없는 유대인의 조건에 화가 치밀었다. 하지만 냉정하게 생각해 보면 모든 것을 잃게 될 수도 있는 상황이니 어쩔 수 없었다. 결국 스와로브스키 가문은 그의 조건을 받아들였다.

로엔슈타인 씨는 곧바로 프랑스군 사령부를 알현하고 정중하게 간청했다.

"저는 미국인 로엔슈타인이라고 합니다. 오늘부터 스와로브스키는 제 소유의 회사가 되었습니다. 그러므로 이제부터 이 회사는 미국인의 것입니다. 따라서 프랑스군 마음대로 징발하는 행위는 삼가시기를 바랍니다."

프랑스군은 아연실색했지만 미국인의 재산이라니 별다른 수가 없었다. 결국 징발을 포기하고 로엔슈타인 씨의 말을 받아들여야만 했다.

그 후 로엔슈타인 씨는 한 푼도 쓰지 않고 손에 넣은 스와로브스키 회사의 판매 대리회사를 설립해 돈을 긁어모았다.

로엔슈타인 씨를 부호로 만들어준 밑천

나는 뉴욕에 있는 로엔슈타인 씨의 사무실을 여러 번 방문했다. 사전에 약속했다고 데스크에 알리면, 직원이 엘리베이터로 안내해 주었다. 엘리베이터가 멈추고 문이 열리면, 바로 로엔슈타인 씨의 사무실이다.

사무실에는 로엔슈타인 씨와 여성 타이피스트 단 두 사람뿐이다. 타이피스트는 세계 곳곳에 있는 액세서리 업체에 발송할 청구서와 영수증을 작성하느라 업무시간 내내 눈코 뜰 새 없이 바쁘다고 했다.

로엔슈타인 씨가 부를 이루기 위해 사용한 밑천은 '미국 국적'뿐이었다. 그는 미국 국적을 발판 삼아 스와로브스키 가문과 계약을 맺었다. 심지어 밑천이 되어준 미국 국적이 필요 없어지자 미련 없이 리히텐슈타인으로 국적을 옮기고 매년 9만 엔의 세금만을 납부하고 있다.

이것이 바로 유대 상인이다.

세금만큼
더 벌어라

유대인이 리히텐슈타인 국적을 사고 싶어 하는 이유는 세금이 싸기 때문이다. 한 번에 돈을 왕창 버는 유대인에게 세금은 무시할 수 없는 과제이다.

하지만 유대인은 탈세하지 않는다. 세금은 국가와의 계약이기 때문이다. 일단 계약했으면 무슨 일이 있어도 지키는 유대인에게 탈세는 나라와 한 계약을 위반하는 행위이다. 일본 상인이 가끔 하는 회계 전문가를 고용해 세금을 속이는 일 따위는 절대로 하지 않는다.

박해받으며 살아온 유대인은 세금을 내는 조건으로 그 나라의 국적을 부여받았다고 생각한다. 그로 인해 세금에 대해서는 엄정 嚴正하다.

그렇다고 달라는 대로 호락호락 내주는 유대인도 아니다. 세금을 내기 위해 수지타산에 맞는 장사만을 한다. 이익을 산출할 때 세금을 떼고도 남을 만한 가격을 책정해 장사한다.

50만 엔 이익이 났다면 일본인은 대체로 '세전'을 이익이라 생각하지만, 유대인은 '세후'를 이익의 개념으로 생각한다.

"이 거래를 통해 나는 10만 달러의 수익을 가져가고 싶어."라고 유대인이 말한다면, 10만 달러는 세금을 제한 금액을 뜻하는 것이다. 세금이 이익의 50퍼센트라면 유대인은 이 거래에서 세전 20만 달러는 벌어야 한다고 생각하는 것이다.

탈세가 발각될까 벌벌 떠는 어리석음

해외여행을 다녀온 사람 중에 현지에서 구매한 다이아몬드를 몰래 가지고 들어오다가 세관에 걸리는 경우를 가끔 본다. 왜 관세를 물고 당당하게 들어오지 않는지, 그 이유를 나는 도무지 모르겠다. 다이아몬드 관세는 기껏해야 7퍼센트이다. 관세 7퍼센트를 제대로 내고, 7퍼센트 더 싸게 사면 되는 일이다.

다른 이야기 한마디만 더 보태면, 일본의 세稅 제도는 헌법에 위반되는 부분이 있다. 법 앞에서는 누구나 평등해야 하는데, 일방적으로 누진세율을 적용해 버리는 것은 아무리 봐도 헌법 위반 같다. 내 생각이 잘못된 걸까.

남들보다 더 많은 머리와 체력을 쓰며 몇 배나 더 열심히 노력하는 사람에게 높은 월급이 주어지는 것은 당연하다. 그런데 그런 사람에게 누진세율을 부과한다니, 도무지 이해할 수가 없다.

해외의 경우 '사장'은 일반적으로 그 회사 평균 급여의 50배 정도를 받아 간다. 일본의 평균 급여가 10만 엔이라면 사장 월급은 500만 엔이 된다.

일본에 있는 사장은 누진세율 덕분에 '입에 풀칠만 할 수 있으면 됐지.'라는 심정으로 살아간다. 이처럼 슬픈 일이 있을까.

나는 매우 저렴한 사장이다. 많은 급여를 받아봤자 대부분을 국세청에 갖다 바치게 될 터이니 고액의 연봉을 받고 싶은 마음조차 들지 않는다. 솔직히 고액 연봉을 받고 싶지만, 리히텐슈타인 국적을 취득할 때까지는 악질적인 누진과세를 견딜 수밖에 없다.

누진과세야말로 만악의 근원이이라고 생각한다.

시간도
상품이다

시간을 훔치지 마라

유대 상술의 격언 중 "시간을 훔치지 마라."라는 말이 있다. 이 말은 돈벌이와 직결되는 격언이라기보다 유대 상술의 매너를 표현한 격언이다. 단 1분 1초라도 남의 시간을 훔치지 말라는 엄중한 경고이다.

유대인은 문자 그대로 '시간은 금'이라고 생각한다. 하루 8시간의 근무 시간을 그들은 '1초당 얼마'의 개념으로 일한다. 예를 들어 타이피스트의 경우 나머지 10자만 입력하면 서류가 완성된다는 것을 알면서도 퇴근 시간이 되면 바로 일을 멈추고 집에 가 버린다. '시간은 금'이라는 생각이 확고한 그들에게 시간을 훔치는 것은 그들의 상품을 훔치는 것이며, 나아가 그들의 금고 속 돈을

훔치는 것과 진배없다.

　가령 매달 20만 달러를 받는 유대인이 있다고 가정해 보자. 그는 하루에 8,000달러, 1시간에 1,000달러를 버는 셈이다. 분으로 계산하면 17달러에 약간 못 미치는 수준이다. 그러니 일하는 동안에는 단 1분조차도 쓸데없는 사람들과 어울릴 시간이 없다. 그의 경우 쓸데없는 일에 5분을 허비하면 현금 85달러를 도둑맞는 것과 같은 계산이 나온다.

불시에 찾아온 손님은
도둑으로 알라

　내 지인 중에 모 유명 백화점에 다니는 젊고 유능한 홍보부 직원이 있다. 그가 시장 조사와 시찰 겸 뉴욕을 잠시 들렀을 때의 일이다. 그는 자유 시간을 효율적으로 활용하고 싶어 유대인이 경영하는 뉴욕의 유명 백화점을 방문했다. 그리고 어렵게 온 만큼 그곳의 홍보 주임을 만나고 가면 좋을 것 같다는 생각이 들었다. 데스크에 가서 홍보부 주임을 만나고 싶다고 요청하자 안내원은 상냥하게 웃으며 이렇게 말했다.

　"몇 시로 약속하셨나요, 미스터…."

　유능한 홍보부 직원은 순간 몹시 당황스러웠다. 하지만 정신을 차린 다음 자신은 일본 백화점 직원이며 뉴욕에 시찰을 왔다고 설명했다. 그리고 업무에 배울 점이 많아 꼭 귀사의 홍보부 주임을 만나 뵙고 대화를 나누고 싶다고 간청했다.

"죄송하지만, 미스터….."

그는 보기 좋게 문전박대를 당했다.

일본에서라면 홍보부 직원이 개인 시간을 쪼개 자발적으로 동종업계를 방문하는 것은 격려받을 만한 일이다. 사전 약속도 없이 방문한 그의 행동이 비록 비상식적이라 할지라도 일본에서는 틀림없이 "요즘 젊은 사람치고 일에 열정이 있어 보여 기특하다."라고 칭찬받았을 것이다.

하지만 시간을 훔치지 말라는 신조로 일하는 유대인에게 열정을 빙자한 부탁 따위는 통하지 않는다. 약속 없이 방문한 상대는 절대로 만나주는 법이 없다.

"마침 근처에 와서요….."

"너무 오랫동안 찾아뵙지 못한 거 같아서요….."

이런 핑계로 불시에 찾아오는 손님은 유대인에게 민폐 덩어리 불청객에 지나지 않는다.

"사람을 보면 도둑으로 알라(사람을 너무 경솔하게 신용하면 안 된다)."라는 일본 격언이 있는데, 유대 상술의 "불시에 찾아오는 손님은 도둑으로 알라."라는 의미와 마찬가지다.

미리 약속을 잡아라,
일이 쉬워진다

"몇 월, 며칠, 몇 시부터 몇 분간…."

사전에 약속을 잡는 것이 상담商談의 필수항목이다.

면회를 신청했는데 면회 시간이 30분에서 10분으로 짧아졌다면, 상대방이 30분을 쓸 만한 가치가 없는 10분짜리에 걸맞은 안건을 가져온 것이라고 해석할 수 있다. 이 점을 반성하고 개선해야 한다.

10분이면 그나마 다행이다. 유대 상인은 아무렇지 않게 면회 시간을 5분 내지는 1분으로 지정해 주기도 한다. 그러니 약속 시간에 늦는 것은 물론이고 시간을 초과하는 것 또한 큰 결례이다. 상대방의 사무실에 가면 인사는 가능한 짧게 하고, 바로 본론으로 들어가는 게 매너다.

"헬로. 굿모닝. 날씨가 좋네요. 날씨가 좋아졌어요, 완연한 가을입니다. 가을이 되니 고향 생각이 나네요. 당신의 고향은…? 아하 ○○이군요. 이것도 인연이네요."

아무리 같은 고향이라도 이러면 큰일 난다. 유대 상인의 말에 따르면 "상담이란 서로 다른 방향으로 달리는 급행열차가 잠시 스치는 순간을 이용해 은밀하게 이뤄지는 것이다."라고 정의한다. 상대는 1분 1초를 다투며 바쁘게 달려가는 길이라는 사실을 망각하면 유대인을 상대할 수 없다.

상인의 수치, 미결 서류를 방치하지 마라

유대인은 출근하면 '딕테이트dictate'라고 해서 전날 퇴근 후부터 출근 전까지 도착한 상거래 편지를 회신하는 작업에 1시간 정도 할애한다.

"지금은 딕테이트 시간이야…."라는 말은 유대인들 사이에서는 '면회 중단'이라는 뜻으로 통하는 공인된 표현이다. 딕테이트 시간이 끝나면 차를 마시고 비로소 그날의 업무에 착수한다. 딕테이트 시간 동안에는 아무리 긴급한 사항이라도 유대인과의 면담이 허락되지 않는다.

유대인이 딕테이트 시간을 중요하게 생각하는 이유는 그들의 신조가 즉각즉결即刻即決인 만큼 전날 일을 다음 날로 미루는 것은 수치라 여기기 때문이다.

유능한 유대인의 책상에서는 미결 상태의 서류를 찾아볼 수 없다. 그 사람이 유능한지 아닌지는 책상을 보면 안다는 말이 있는 것도 그런 연유에서다. 직위가 높아질수록 '미결' 서류가 산더미처럼 쌓여가는 일본의 사무실과는 대조적이다.

나만의
유대 상술

★ ★ ★ Part 2 ★ ★ ★

부르기 쉬운 이름이
돈을 부른다

내 이름은 후지다 덴藤田 田이다. 내 이름을 들은 사람들은 '田'을 어떻게 발음해야 할지 몰라 고개를 갸웃한다. 음독音讀 그대로 '덴'이라 읽으면 되는데, 매사를 복잡하게 생각하다 보니 '덴'이라 읽지 않고 '운'이라고 한 번 더 꼬아 읽는다. 그래서 최근에는 "덴田이라 발음해 주세요."라는 문구를 아예 명함에 넣어 버렸다.

그런데 외국인들은 '후지다 덴'이라는 이름이 발음하기 쉬워 "하이, 덴!"이라고 편하게 불러준다.

적어도 대대로 상인 집안임을 알 수 있는 ○가게屋, ○우에몽右衛門(일본의 남자 이름에만 사용 되는 발음) 같은 이름보다는 훨씬 기억하기도 부르기도 좋은 듯하다.

나는 세계 곳곳의 유대 상인들에게 '긴자의 유대인'으로 불린다. 그리고 일본인 상인을 절대 신용하지 않는 유대인들에게 동료로서 인정받고 있다.

나는 유대인과 환담할 때마다 부르기 쉬운 '덴'이라는 이름을 지어주신 부모님께 얼마나 감사한지 모른다. 가령 내 이름이 '후지다 덴베에藤田田兵衛'라거나 '후지다 덴이치로藤田田一郎'였다면 이미 나는 다른 길을 걷고 있을지도 모른다.

무역상은 외국인이 부르기 쉬운 이름이어야 한다. 꼭 무역상이 아니더라도, 국제적인 사람이 되려면 외국인들도 익숙하게 부를 수 있는 이름이어야 한다는 것이 나의 지론이다.

나에게는 대학 1학년과 고등학교 1학년에 다니는 두 아들이 있는데 첫째에게는 겐元, 둘째에게는 간完이라는 이름을 지어주었다. '元'은 '시작'을 의미하고, '完'은 '완료'를 뜻하므로, 두 아들은 시작과 끝을 상징하는 이름이다.

어쨌든 '겐'과 '간' 모두 외국인이 부르기엔 편안한 이름이다. 게다가 '겐'은 영어로 쓰면 Gen, 즉 '제너럴=장군'의 줄임말이다. 'Gen Fujita'라고 쓰면 '후지다 장군'이 된다. 이 이름은 멋스러울 뿐만 아니라, 외국인이 단번에 기억할 만한 이름이다.

'간'은 외국인이 발음하면 '칸'이 되는데, '칸'은 '왕자'를 뜻한다. 칸 후지타는 '후지다 왕자'가 된다. 이 또한 단번에 기억하기 쉽다.

혹시라도 내 두 아들이 무역상의 길을 걷게 된다면 '겐'과 '간'이라는 이름이 꽤 도움이 되리라 확신한다.

　한자의 생김새에 의미를 담아 이름을 짓는 것도 좋지만, 자손이 많은 돈을 벌길 바란다면 외국인이 부르기 쉽고 기억하기 쉬운 '이름'을 지어주자. 나중에 아이들도 그 이름에 감사할 것이다.

차별에는
돈으로 맞서라

유대 상술과의 만남

내가 처음 유대인에게 관심을 가지게 된 것은 1949년 UN군 최고사령관 총사령부General Headquarters에서 통역 아르바이트할 때이다.

GHQ에서 근무하게 된 나는 기묘한 무리들을 눈여겨보았다.

장교도 아닌 주제에 차를 끌고 다니면서 장교들보다 더 호화로운 생활을 누리는 군인이 있었던 것이다.

'그는 일개 병졸인데 어떻게 혼자만 저렇게 부유한 생활을 할 수 있는 걸까?'

나는 부유한 삶을 사는 군인들을 은근슬쩍 관찰하기 시작했다.

신기하게도 그들은 같은 백인이면서도 군 안에서 멸시당하고

미움을 받고 있었다.

"쥬!"

그들이 없는 자리에서 군인들은 가증스럽다는 듯 격한 감정을 실어 그들을 이렇게 불렀다.

'쥬Jew'는 영어로 '유대인'을 가리키는 단어였다.

재미있는 것은 그들이 유대인을 경멸하면서도 그들의 눈치를 본다는 것이다. 그 유대인들은 놀기 좋아하는 전우에게 고리로 돈을 빌려주고 월급날이 되면 가차 없이 걷어갔다. 그들이 유대인에게 꼼짝 못 하는 이유였다.

유대인 군인들은 멸시당하는 것에 전혀 개의치 않았다. 상처받

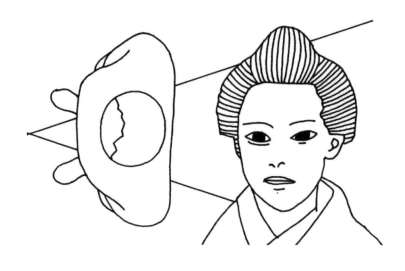

기보다는 경멸하는 자들에게 대출해 주고 돈으로 그들을 압박하
고 제압했다. 그토록 차별받으면서도 신세 한탄 한마디 없이 씩
씩하게 사는 유대인에게 자연스레 친근감이 들었다. 그리고 나는
그런 유대인을 멀리하기보다는 그들에게 먼저 다가갔다.

외교관에 대한 꿈과 좌절

나는 오사카 출신이다. 하지만 오사카 상인의 아들은 아니다.
아버지는 전기 관련 기술자였다. 그래서 나 역시 무역을 하면서
상인으로 성공하겠다는 생각은 털끝만큼도 해본 적이 없다.

어릴 적부터 나는 외교관이 되고 싶었다. 이웃에 구리모토栗源

씨라는 외교관이 살았는데, 나는 그 집을 자주 방문하면서 외교관이 되고 싶다는 꿈을 키웠다.

어느 날 나는 구리모토 씨에게 내 꿈을 고백했다. 그랬더니 즉시 냉담한 반응이 돌아왔다.

"너는 절대 외교관이 될 수 없어."

"왜요!"

나는 발끈했다.

"오사카 방언 때문이야. 외교관은 오사카 방언을 쓰면 안 된다는 불문율이 있거든. 도쿄 방언을 할 줄 알아야 해."

구리모토 씨는 안쓰러운 눈빛으로 나를 바라보았다.

외교관에 대한 내 꿈은 순식간에 사라졌다.

오사카에서 태어나 오사카 사투리를 쓴다는 이유로 오사카 출신은 유대인처럼 차별받고 있었다. 그런 차별에 맞서다 보니 오사카 사람에게는 도쿄 사람에게는 없는 억척스러움이 자연스럽게 장착된 것 같다.

차별에는 두 종류가 있다. 하나는 상대가 열등할 때 우월감에서 비롯되는 경우이고, 또 하나는 상대가 우수할 때 공포심에서 비롯되는 경우이다.

백인 군인들이 손가락질하면서 "저 새끼는 쥬야."라며 차별하는 것은 유대인에게 가진 돈을 전부 빼앗길지도 모른다는 공포심에서 나온 차별이다. 마찬가지로 도쿄 출신이 오사카 출신을 차별하는 것은 도쿄 사람은 오사카 사람에게 도저히 장사로 이길 수 없기 때문이다. '다이마루大丸백화점'도 그렇고, '산와三和은행(현 미쓰비시 UFJ은행)'이나 '스미토모住友은행(현 미쓰이스미토모은행)'도 그렇다. 영화만 하더라도 대부분이 관서関西 지역에서 도쿄로 올라온 것들이다. 도쿄에서 아래 지역으로 내려온 것은 거의 없다고 봐도 무방하다.

나는 이것이 오랜 역사와 깊은 연관성이 있다고 본다. 역사가 오래되었다는 것은 역사가 짧은 나라보다 상대에게 매료되거나 속거나 싸운 경험이 더 많이 반복되었다는 뜻이다. 그래서 역사가 짧은 나라는 아무리 발버둥 쳐도 역사가 오래된 나라에 이길 수 없다.

그러므로 역사가 짧은 미국인은 5000년의 역사를 가진 유대인에게 끌려 다니는 것이 어찌 보면 당연한 일이다. 400년의 식민지 역사만을 가진 도쿄인은 닌도쿠천황仁徳天皇 이후 2000년의 역사를 보유한 오사카인에게는 상대가 안 되는 것이다.

그것이 분했던 도쿄 출신이 오사카 방언을 트집 잡아 외교관이 될 수 없다고 억지를 부리는 것 아닐까. 오사카 방언으로 영어를 하는 게 아니라고 아무리 설명해도, 도쿄 사람들은 들으려고도 안 한다.

어쨌든 나는 그런 연유로 외교관의 꿈을 단념해야만 했다.

유대 상인의 용기, 나를 이끈 방향

GHQ에서 통역하던 당시, 나는 도쿄 대학 법학부에 재학 중이었다. 아버지는 오래 전에 돌아가셨고 어머니 홀로 오사카에 계셨는데 경제적으로 여유가 없었다. 나는 먹고살기 위해 생활비와 학자금을 아르바이트로 벌어야만 했다. 패전 후 철학, 도덕, 법률 같은 그동안의 가치체계는 혼란 속에 흔들렸고 살아가기 위한 정신적 지주는 어디에도 없었다.

그 당시 내게 남은 것은 오사카 사람 특유의 '죽어도 질 수 없다'라는 오기뿐이었다. 전쟁에는 졌을지 몰라도 사회의 혼란과 경제적 궁핍에는 지고 싶지 않았다. 가난을 몰고온 점령군에게조차 지고 싶지 않았다.

'어차피 돈을 벌어야 한다면 적敵의 무리 속으로 들어가자.'

처음 통역을 시작했을 때는 이런 마음이었다. 외교관을 꿈꿨던 만큼 허접한 수준의 영어였지만 어떻게든 영어로 문장을 구사할 자신은 있었다.

게다가 다른 아르바이트보다 통역은 보수가 몇 배나 높았다. 한 달에 3,400엔 정도 주는 아르바이트가 대부분이던 시절에 통역은 1만 엔이나 줬다. 자고로 보수는 다다익선이다.

패전한 나라의 국민, 황색 인종, 그런 차별을 신물이 나게 겪으면서 나는 통역 일을 시작했다.

오사카에서 태어나 별수 없이 쓰게 된 방언 때문에 차별당해야 했던 오사카 사람인 내가, '유대인'이라는 이유만으로 차별받으면서도 돈으로 동료를 묵묵히 제압하는 생명력 강한 유대인에게 매료된 이유는 이러한 감정들이 복잡하게 얽혀 있기 때문이다.

패전 이후 정신적인 안식처를 잃어버린 내 눈에 비친 유대 상인의 용기는 살아남기 위해 앞으로 가야 할 방향을 제시하는 듯이 보였다.

군 생활에서 배운
유대인의 상술

GHQ에서 내가 처음으로 친해진 유대인은 윌킨슨이라는 군조 軍曹(일제 강점기의 일본군 하사관 계급 가운데 하나로 지금의 중사에 해당한다)였다. 윌킨슨도 월급 전까지 파산 상태인 동료에게 고리로 돈을 꿔주고 있었다.

빌려준 돈은 급여일이 되면 가차 없이 받아 냈다. 받아 내기 어려울 때는 배급 물자를 대출금이나 이자의 담보로 설정해 가져갔다. 그리고 회수한 배급 물자는 그 자리에서 비싼 값을 매겨 되팔았다. 그런 남자이다 보니 윌킨슨의 주머니는 언제나 현금다발로 두둑했다.

당시 미군 군조의 월급은 한 달에 10만 엔 정도 됐다. 그런데 윌킨슨은 한 대에 70만 엔이나 하는 자동차를 두 대나 매입하고, 장교도 쉽게 살 수 없는 오타구大田区에 있는 숲이 우거진 곳에 살림을 차렸다. 휴일에는 하코네箱根나 이즈伊豆, 닛코日光로 유유자적 드라이브를 나갔다. 계급은 군조였지만 생활수준은 GHQ의 상층부 이상이었다.

나는 윌킨슨의 수법을 조용히 관찰했다. 그리고 유대인이 금전으로 주변 사람들을 매수하는 과정을 뇌리에 각인시켰다.

나도 모르는 사이에 유대인 상인의 견습생이 된 것이다.

유대 상술의 견습생 시절

윌킨슨 군조는 군에서 받는 월급만으로는 도저히 이런 생활수준을 유지할 수 없다. 이게 가능했던 것은 군의 정규업무와 함께 대부업을 병행했기 때문이다. 부업을 하지 않는 한 추가 수입은 기대할 수 없다.

그래서 나도 GHQ에서 유대인과 한편이 되어 부업을 시작했다. 월급 1만 엔도 충분한 벌이였지만 수입은 많을수록 좋다.

나는 비교적 중국인과 흡사한 인상이다. 선글라스를 끼고 진주군進駐軍 복장을 하면 누가 봐도 중국계 2세로 보였다. 오사카 방언도 약간만 다듬으면 서툰 일본어 느낌을 낼 수 있다. 그래서 나는 부업을 할 때면 중국계 2세 '미스터 진陳'으로 변신했다.

GHQ에는 윌킨슨 외에도 유대인이 몇 명 더 있었다. 나는 그들과도 차츰 친해졌고, 그들이 가장 신용하는 파트너 '미스터 진'으로 사랑을 듬뿍 받았다.

　나는 '미스터 진'으로 그들의 돈벌이에 가담함과 동시에 유대상술의 현장실습을 받은 것이다.

승부는
타이밍으로 결정된다

1951년 나는 도쿄 대학을 졸업하고 곧바로 후지다상점藤田商店이란 간판을 내건 사무실을 열었다.

처음으로 내가 눈여겨본 아이템은 한국전쟁의 휴전으로 창고에서 잠자고 있던 모래포대였다. 모래포대를 창고에 쌓아둔 회사는 판로가 없어 창고 대여비만 나가게 된 상황이었다. 그래서 누군가 가져가겠다고만 한다면 기꺼이 넘겨줄 준비가 되어 있을 것이라고 생각했다.

나는 그 회사에 찾아가 협상을 시작했다. 내가 모래포대에 매긴 가격은 '공짜'였다. 아무리 그래도 공짜는 너무하다며 모래포대를 소유한 회사는 난색을 내비쳤다.

"한 포대당 5엔이나 10엔이면 몰라도 거저는 좀…."

나는 5엔에 사기로 했다. 모래포대는 12만 장으로 총금액은 60만 엔이었다. 나는 거래가 체결되자마자 그 길로 모 국가의 대사관을 찾아갔다. 당시 그 국가는 식민지가 내란 중이었기에 무기든 모래포대든 무엇이든 닥치는 대로 사들일 거라고 예상했다.

생각했던 대로 대사관은 내가 사들인 모래포대에 큰 관심을 보였고 대사관이 직접 나서서 물건을 보여 달라고 요청했다.

나는 즉시 창고에서 모래포대를 골라 대사관에 가져갔고 거래는 그 자리에서 성사되었다. 대사관은 포대 한 장당 5엔의 헐값이 아닌 제값에 구입해 주었다.

그로부터 1주일도 채 안 되어 그 나라의 내란이 수습되었다. 결국 모래포대는 일본 밖으로 나가지 않았다.

나는 찰나의 '타이밍'을 잘 포착해 장사에 성공했다. 타이밍이 조금만 늦었더라도 모래포대는 돈이 되는 상품이 아닌 또다시 처치 곤란한 애물단지로 전락했을 것이다.

상인에게는 타이밍이 생명이다. 타이밍을 어떻게 잡느냐에 따라 큰돈을 벌기도 하고, 큰 손해를 입기도 한다.

손해가 크더라도
납기는 반드시 지켜라

국내외의 동업자들은 나를 '긴자의 유대인'이라 부른다. 나는 그렇게 불러주는 것에 만족하고, 나 또한 그렇게 소개하는 걸 주저하지 않는다. 나는 유대 상술을 답습하고, 이를 나만의 상술로 만들었다. 솔직하게 말하면 내가 일본인임을 부정하기보다는 자랑스러워하지만, 상인으로서는 유대 상인으로 불리는 걸 더 좋아한다.

최근에는 세계 곳곳의 유대인조차도 나를 이방인이 아니라 '긴자의 유대인'이라 부르며 끈끈한 동료로 대해 준다.

세계 각지에서 무역의 실권을 쥐고 있는 것은 예외 없이 유대인들이다. 내가 무역상으로서 세계 각지의 무역상들과 거래하는 데 있어 '긴자의 유대인'이라는 타이틀이 얼마나 많은 도움이 되는지 모른다.

물론 여기까지 오면서 나는 수도 없이 유대인에게 짓밟히고, 비웃음을 당하고, 놀림감이 되기도 했다. 하지만 과거에 유대인이 그랬듯 나도 그와 같은 시련들을 견뎌왔다. 그리고 가장 고통스러웠던 '한 사건'을 견뎌 냈을 때 유대인들은 나를 '긴자의 유대인'이라 불러주었다.

내가 세계의 유대인들에게 신용을 얻게 된 그 사건을 이곳에 기록해 두고자 한다.

아메리칸 오일의 나이프와 포크 대량 발주

1968년 나는 아메리칸 오일로부터 나이프와 포크 300만 개를 수주받았다. 납기는 9월 1일, 시카고 인도가 조건이었다. 나는 바로 기후현岐阜県 세키시關市에 있는 업체에 제작을 의뢰했다.

'아메리칸 오일'은 '스탠다드 석유'의 모회사이다. 스탠다드 석유에는 본래 모회사가 없었는데, 미국 전역의 석유를 독점할 정도로 회사가 거대해지자 연방정부의 명령으로 '스탠다드 일리노이', '스탠다드 캘리포니아' 등처럼 6개 회사로 분할되었다. 그리고 이들 6개 회사가 공동 출자하여, 모회사라 할 수 있는 '아메리칸 오일' 지주회사가 탄생했다. 물론 유대계 자본이 뒷받침된 회사이다.

그런데 석유회사였던 아메리칸 오일이 석유와 전혀 상관없는 나이프와 포크를 발주한 것이다. 그 까닭은 미국에서 추진 중인 유통 혁명 때문이었다.

당시 물건 판매는 백화점이 압도적인 경쟁우위를 차지하고 있었다. 그런데 '대형 마트'와 '디스카운트 하우스'가 그 자리를 차지하기 위해 소비자를 끌어당기며 시장을 키웠다. 그리고 그 사이를 비집고 들어간 것이 신용카드다. 백화점을 집어삼킨 대형 마트를 통째로 먹겠다는 것이 신용카드사였고, 카드사는 대형 마트와 비슷한 금액을 할부로 결제가 가능한 서비스를 제공했다.

석유 자본이 신용카드 영역에 진출하게 된 것이다. 아메리칸 오일에는 카드 이용자가 1,400만 명 등록했고 그중 700만 명이 매달 카드를 사용했다. 이에 아메리칸 오일은 카드 이용자를 위해 저렴한 제품을 대량으로 준비해야만 했다.

마트의 특징은 현금 장사인 반면에 신용카드는 할부 장사이다. 현금주의를 원칙으로 하는 유대인의 자본으로 설립된 석유회사가 현금이 아닌 할부 장사에 뛰어든 건 이상한 부분이다. 그러나 여기에는 숨겨진 비밀이 있다.

카드 이용자가 물건을 구매하면 은행이 그 대금을 카드회사에 현금으로 보내주는 시스템이었다. 할부 수금도 전부 은행 몫이다. 유대인의 석유회사는 일관되게 현금주의를 고수한 것이다.

납기를 못 지킨다

설명이 길어졌는데, 일본의 나이프와 포크 업체는 세키시市에 집중되어 있었다. 게다가 업체들은 콧대가 높았다.

"아시겠어요, 후지다 씨, 이곳이 일본의 중심입니다. 세키시를 기준으로 동쪽을 관동關東이라 하고, 서쪽을 관서關西라 하지요. 도쿄가 일본의 중심이라 생각하면 큰 착각이에요."

이 정도 자부심이면 납기는 잘 맞추겠지 싶었다.

내 계산에 따르면 9월 1일 시카고에 도착해야 하므로, 8월 1일 요코하마에서 출발하면 가까스로 일정에는 맞출 수 있을 것 같았다. 수주한 당시에는 시간 여유가 충분했다.

그래도 혹시나 하는 마음에 중간 점검을 하러 갔는데 심장이 내려앉을 뻔했다. 전혀 진척이 없는 것이었다.

"모내기에 쫓기다 보니 할 시간이 없었어."

그 천진난만한 대답에 나는 불같이 화를 내며 소리쳤다. 그러자 그들은 적반하장으로 나왔다.

"언제까지 납품하겠다고는 했지만 통상적으로 며칠 정도 늦어지는 게 당연하잖아. 아무리 빨리하라 요구해도 어쩔 수 없다네."

도무지 말이 통하지 않았다. 상대가 유대인이라고 설명해도 "조금 늦어질 거라고 미리 알려주면 이해해 주겠지."라는 반응이었다.

보잉 707 전세기에 1,000만 엔을 투척하다

8월 1일에 요코하마를 출항하려면 늦어도 7월 중순에는 세키 시에서 출하가 되어야 시간이 맞았다. 그런데 7월 중순은 고사하고 8월 27일경까지는 걸릴 거 같다고 했다. 8월 27일에 완성된 물건을 9월 1일 납기에 맞추려면 비행기밖에 방법이 없었다. 시카고에서 도쿄까지 보잉 707을 전세 내면 약 3만 달러(1968년 당시 환율로 약 1,000만엔)가 들었다. 나이프와 포크 300만 개의 대금으로는 어림도 없는 금액이다.

그러나 나는 무리해서 비행기를 전세 내기로 했다. 유대인이 지배하는 아메리칸 오일과 계약을 한 이상 무슨 일이 있더라도 납기를 맞추고 싶었다. 유대인은 계약을 한 번이라도 어긴 상대를 절대로 신용하지 않는다. 제품이 늦어진 것이 내 탓이 아니어도 유대인은 변명을 들어주지 않는다. 'No explanation—설명 필요 없음'이다.

나는 팬 아메리칸 항공의 보잉 707을 전세 냈다. 팬 아메리칸(약칭 팬암)은 무척 깐깐한 회사여서 10일 전까지 현금으로 전세료를 입금하지 않으면 비행기를 내줄 수 없다고 했다. 심지어 하네다 공항은 과밀 상태이므로 공항에 체류할 수 있는 시간은 겨우 5시간뿐이라고 했다. 5시간이 지나면 화물을 싣지 못했어도 하네다를 떠난다고 하니, 그 시간 안에 300만 개의 나이프와 포크를

107

실어야만 했다.

전세기는 8월 31일 오후 5시 하네다에 도착하여 오후 10시에 시카고를 향해 이륙하는 일정으로 정해졌다. 시차가 있어 8월 31일 오후 10시에 출발하더라도 납기 안에는 도착할 수 있었다.

다행히도 나는 전세기에 주문된 물건을 무사히 실었다.

우와, 또다시 주문을 받다

내가 비행기를 전세 내면서까지 납기를 지켰다는 소식은 상대방에게도 전달되었다. 일본에서라면 감격하며 주문한 측에서 비행기 전세료를 대신 내주겠다고 할법한 눈물겨운 미담이지만, 상대는 유대계 회사이다. 그런 동정심 따위는 없었다.

"납기 안에 도착했다. OK. 비행기를 전세 냈다는 소식은 들었다. 굿!"

그뿐이었다.

그래도 비행기를 전세 내면서까지 납기를 맞춘 것이 헛되지는 않았다. 이듬해인 1969년에 아메리칸 오일이 다시 발주를 넣었다. 이번에는 나이프와 포크 600만 개였다.

600만 개는 세키시 유사 이래 처음 있는 대량 주문이었다. 시 전체가 온통 아메리칸 오일 주문으로 분주했다.

하지만 이번에도 생산이 지연됐다. 납기는 9월 1일로 지난 해와 같았지만, 선적 기한인 7월 중순까지는 도저히 맞출 수가 없었다.

나는 또다시 전세기를 빌려야만 했다. 이번에도 아메리칸 오일은 언제나 그렇듯 "납기 안에 도착했다. OK." 할 뿐이었다. 그러나 나도 이번에는 도저히 참을 수가 없어서 세키시의 업자들을 모아 놓고 비행기 전세료를 일정 부분 부담하라고 요구했다. 업자들도 어느 정도는 책임감을 느껴 비행기 전세료 20만 엔을 제안해 왔다. 200만 엔도 아니고 고작 20만 엔이다. 나는 잠시 할 말을 잊은 채 멍하니 하늘만 바라보았다.

유대 상인에게 '자격증'을 받다

두 번에 걸친 전세기 대여로 나는 큰 손해를 보았다. 하지만 그 덕분에 돈으로도 못 사는 유대인의 신용을 얻었다.

"그는 약속을 지키는 일본인이다!"

이 소식은 순식간에 세계 각지의 유대인에게 퍼졌다. '긴자의 유대인'이라는 말에는 긴자에서 약속을 지키는 유일한 상인이라는 뉘앙스가 짙게 깔려 있다.

나의 유대 상술은 유대인에게 '신용'을 얻는 일에서부터 시작되었다고 할 수 있다.

악덕 상인에 대한
합리적 대응

국제 무역상 중에는 유대 상인의 범주에 들어가지 않는 악덕 상인도 있다. 그 전형적인 무리가 '만세꾼'이다. 과거에 나는 만세꾼의 표적이 되어 그들을 상대로 치열하게 싸운 적이 있다. 내가 상인으로 살아남느냐, 무너지느냐의 갈림길에서 모든 것을 내건 싸움이었다. 이 싸움에서 승리했기에 나는 오늘날 '긴자의 유대인'으로 유대인의 신용을 얻을 수 있었다.

그 사투의 전말은 이러하다.

1961년 12월 20일, 오래전부터 거래하던 뉴욕의 베스트 오브 도쿄사에서 보낸 지배인 마린 로빈 씨가 일본을 방문했다. 용건은 트랜지스터라디오 3,000대와 트랜지스터 전축 500대를 구매하고 싶다는 의뢰였다.

조건은 트랜지스터 전축을 'NOAM'이라는 제품명으로 제작할 것, 라디오와 전축의 선적일은 다음해인 1962년 2월 5일로 할 것, 내 중개수수료는 3%라는 세 가지였다.

만세꾼이 판 함정

나는 그다지 내키지 않았다. 우선 선적일이 빠듯한 데다 통상 수수료는 5%가 일반적인데 3%는 너무 짜다는 두 가지 이유 때문 이었다. 하지만 베스트 오브 도쿄사는 뉴욕에서도 제법 알려진 트랜지스터 제품을 취급하는 수입 상사였다. 미래를 생각하면 거 래를 뚫어놓는 것이 손해는 아니었다. 그래서 나는 마지못해 승 낙했다. 그리고 주문량을 야마다 전기산업(당시 도쿄도 미나토구 신 바시 6-3)에 발주했다.

그 당시 트랜지스터 전축의 단가는 35달러였다. 그런데 로빈 씨는 야마다 전기산업 사장인 야마다 긴고로山田金五郎 씨를 상대로 끈질기게 흥정한 끝에 30달러로 값을 떨어뜨렸다. 그 조건으로 야마다 전기는 약속대로 생산에 들어갔다.

그해 12월 31일, 베스트 오브 도쿄사에서 신용장이 도착했다. 그런데 'NOAM'이어야 할 제품명이 어찌 된 일인지 'YAECON'으 로 변경되어 있었다. 'YAECON'은 야마다 전기의 제품명이었다. 하지만 지금 생산 중인 제품은 베스트 오브 도쿄사의 당초 주문대로 'NOAM'이라는 제품명으로 만들어지고 있었다.

나는 여러 차례 뉴욕에 전화를 걸어 신용장에 기입된 'YAECON'이라는 제품명을 'NOAM'으로 수정할 것을 요구했다. 신용장에 있는 내용과 다른 제품은 수출할 수 없기 때문이다. 그런데 베스트 오브 도쿄사는 감감무소식이었다.

야마다 전기는 그러는 동안에도 연말연시 휴일까지도 반납해 가며 생산을 지속했고, 납기 전인 1월 24일에는 수출 검사까지 끝내고 선적하는 날만을 기다리고 있었다. 그런데 마치 이때를 기다리고 있었다는 듯이 1월 29일 뉴욕에서 계약 취소 전보가 날아왔다.

'아차! 이놈들 만세꾼이었구나.'

뒤늦게 깨달았지만 이미 일은 벌어지고 난 후였다. 'NOAM'이라는 묘한 상표를 붙인 제품은 그 상표 때문에 미국의 다른 수입 상사에 판매할 수도 없었다.

나는 베스트 오브 도쿄사를 상대로 제품을 가져가거나 'NOAM' 마크를 교체할 비용을 낼 것을 요구하는 협상에 들어갔는데, 부글부글 화가 치밀어 폭발할 지경이었다. 만세꾼의 표적이 되었다는 것은 악덕 유대 상인에게 얕잡아 보였다는 방증이었기 때문이다.

'좋아. 상대방이 이런 식으로 나온다면 나는 케네디 대통령에게 진정서를 넣겠다.'

나를 얕잡아 봤으니 이대로 손놓고 가만히 당하고만 있을 수는 없었다.

미국 대통령의 경우 여섯 명의 비서관을 두고 있다. 비서관 단계에서 걸러지지 않도록 써야 한다고 생각했다.

케네디 대통령에게 보내는 서신인 만큼, 각별히 신경을 썼다. 내가 가진 영어 실력을 총동원해 사흘 동안 쓰고 찢고를 반복한 끝에 편지를 완성할 수 있었다.

케네디 대통령에게 보낸 진정서

2월 20일, 나는 편지를 보냈다.

미합중국 대통령

J.F.케네디 각하

자유롭고 민주적인 세계 무역의 수호자이자 미국민의 대표이신 귀하에게 서신을 올릴 수 있어 깊은 영광으로 생각합니다.

귀하는 현재 세계에서 가장 영향력 있는 정치가입니다. 그런데 지금 귀국의 국민이 다른 나라의 국민에게 도리에 어긋나는 만행을 저지르며 막대한 손해를 입히는 행위를 아무렇지도 않게 자행하고 있습니다. 그래서 곤경에 처한 다른 나라 국민을 구제하실 수 있는 훌륭한 민주주의의 지도자께 다음과 같은 부탁 말씀을 드리려고 합니다.

우리는 귀하께서 20년 전, 솔로몬 해역에서 악전고투하시던 때의 귀하보다도 더 험난한 상황에 놓여 있습니다. 현재 우리는 구제책이 절실히 필요한 상황입니다. 아무런 잘못이 없음에도 미국민으로 인해 궁지에 내몰려 있습니다.

'미국민의 악의적 주문 취소로 인한 당사의 손해 구제에 관하여'

사태는 지극히 간단하고 복잡하지 않습니다. 당사는 베스트 오브 도쿄사(뉴욕)로부터 트랜지스터라디오 3,000대와 트랜지스터 전축 500대, 총 2만 6,600달러 규모의 수주를 받고 신용장을 받았습니다. 그런데 정당한 이유 없이 주문이 취소되는 바람에 당사는 큰 손해를 입게 되었습니다.

만일 미국민이 일본인에게 이러한 일을 당했다면 어떻게 되었을까요? 일본인에게는 엄중한 처벌이 내려졌을 것입니다. 그러나 당사는 이와 관련하여 베스트 오브 도쿄사에 상표 교체료 명목으로 2,044달러 50센트를 청구했지만 어떠한 성의 있는 답변도 받지 못하였습니다. 본 건은 일방의 계약불이행이 명백하게 발생한 사안인 만큼 문명사회 절차에 따라 사법부의 판단을 받아야만 합니다. 하지만 당사는 비용적 한계로 인해 그 절차를 밟기 어렵습니다.

귀하도 잘 아시다시피 사소한 사건들이 축적되어 상호 국민 간에 싹튼 증오와 악마와 같은 에너지로 변한 감정의 골이 국제전쟁이라는 불행한 결과까지 초래할 수 있습니다. 그러므로 상기의 베스트 오브 도쿄사에게 시급히 문제를 해결하도록 권고하여 주시기를 바랍니다.

대통령 각하, 몹시 바쁘시겠지만 저를 위해 1분만 허락해 주십시오. LW 4~9166으로 전화를 걸어 애커맨 씨(베스트 오브 도쿄 사장)에게 일본인은 소나 말과 같은 동물이 아닌 피가 흐르는 인간이므로 성의를 가지고 해결할 것을 권고하여 주시기를 바랍니다.

대통령 각하, 귀하의 산하기관 중 긴 시간과 막대한 돈을 들이지 않고도 정의를 구현할 수 있는 기관이 있다면 신속히 저의 요청을 지시해 주시면 감사하겠습니다.

대통령 각하, 나의 친구였던 젊은 일본인 4,500명이 몸에 폭탄을 짊어지고 귀국의 군함에 몸을 던져 죽어 갔습니다. 그 악몽과 같은 가미가제특공대의 일원으로서 그들의 죽음을 헛되이 하고 싶지 않습니다. 아무리 사소한 일일지라도 국가 간에 증오의 원인이 될 만한 일들은 양식을 가지고 해결해야 한다고 생각합니다.

대통령 각하, 제2차 세계대전의 용사이신 귀하에게 본 건의 해결 촉진을 간곡히 부탁드리는 바입니다.

후지다 덴

나는 서신 한 통은 케네디 대통령에게, 만일을 대비하여 다른

한 통은 도쿄에 있는 미국 대사관에 보냈다. 비서관이 대통령에게 반드시 보여 주리라 확신했지만, 회신은 오지 않을 수도 있다고 생각했다.

한편 2월 2일, 야마다 전기산업은 나에게 제품을 인수하라는 내용증명을 보내왔다.

나도 장사꾼이다.

이 제품을 되파는 방법은 충분히 알고 있다. 하지만 그렇게 되면 문제가 흐지부지 묻히게 된다. 나는 유대 상인에게 얕보인 채로 물러설 생각이 없었다. 더욱이 이번 일의 책임은 일방적으로 계약을 취소한 베스트 오브 도쿄사에 있었고, 내가 그 뒤처리를

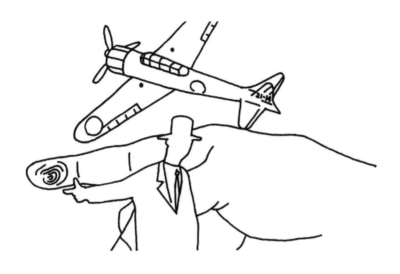

해야 할 의무는 없었다.

3월 중순 야마다 전기는 9,400만 엔의 부채를 안고 파산했다. 만세꾼의 교활한 수법에 넘어가 진짜 만세를 부르고 만 것이다.

악덕 상인 드디어 KO

파산 직후, 케네디 대통령에게 진정서를 제출한 지 한 달이 지난 3월 20일, 나는 미국 대사관으로부터 호출을 받았다.

나는 당장 차를 몰고 대사관으로 향했다. 마중을 나온 담당관은 나에게 케네디 대통령으로부터 보내온 빨간 독수리 마크가 날인된 공문서를 보여 주었다.

"케네디 대통령께서 상무商務장관을 통해 접수된 진정서 내용을 해결하도록 라이샤워 대사에게 지시하셨습니다."

내가 이긴 것이다. 속으로 쾌재를 불렀다. 이러면 마땅한 해결책이 생긴다.

담당관은 미안하다는 표정이었다.

"이 사건은 전적으로 미국 상인의 잘못이 큽니다. 정부가 사건에 직접 개입할 수는 없지만 업체에 권고했고, 이를 따르지 않을 시에는 출국금지 등의 조치를 취할 예정입니다. 일본인은 이러한 사건에 연루되면 항의하지 않고 속으로 앓기만 하는 경향이 있는데, 앞으로는 언제든 말씀해 주시기를 바랍니다."

무역상에게 출국 금지는 사형선고와 다름없었다. 아무리 만세꾼이라 해도 정부의 권고는 따를 수밖에 없을 것이다.

"다만…."

담당관은 말을 이어갔다.

"얼마든지 말씀해 주시는 건 좋지만, 대통령에게 진정서를 보내시는 것은 자제해 주셨으면 합니다."

"아, 네. 잘 알겠습니다. 앞으로는 이런 사적인 진정서를 보내지는 않겠습니다."

이렇게 말한 것은 나의 외교적 수사에 불과했다. 만세꾼이나 악덕 상인이 다시 수작을 부린다면 나는 몇 번이고 대통령에게 진정서를 보내리라 다짐했다.

"전세기를 빌려 납기를 지킨 후지다!"

"대통령에게 진정서를 보낸 최초의 일본인 후지다!"

이 두 사건을 통해 나는 유대 상인에게 재평가받았고 진짜 신용을 얻게 되었다.

한 수 앞을
읽어라

유대 상인 조지 드러커 씨에게 밀랍 인형관 관련 저작권을 취득해 도쿄 타워 안에 밀랍 인형관을 개설하려고 했을 때다. 내 주변 사람들은 하나 같이 반대했다.

"움직이지도 않는 인형을 보러올 사람은 없을 텐데, 굳이 비싼 저작권료를 지급하면서까지 밀랍 인형관을 운영할 필요가 있을까요?"

모두 그렇게 말하며 아직 개설도 되지 않은 밀랍 인형관의 흥행 실패를 걱정해 주었다.

"처음 3개월은 적자 날 각오는 하고 있겠지요?"

이렇게 말하는 사람도 있었다.

"나는 밀랍 인형관을 통해 구태의연한 일본 공연업계의 의식을 바꿔보고 싶습니다. 다시 말하자면 그동안의 일본 공연은 배우들만 무대 위에서 분주하게 움직이고, 관객들은 의자에 고정된 상태로 조용히 감상하는 게 전부였습니다. 하지만 이제는 관객이 동적으로 움직이고, 무대는 정적으로 가만히 있을 겁니다. 움직이지 않는 밀랍 인형 주변을 자유롭게 돌아다니면서 감상하는 것이지요. 역사적인 인물이 생존했을 당시와 똑같은 모습을 한 인형을 보고 감동한 관객들은 인형 곁으로 다가가 원하는 대로 영웅들과 대면하게 될 겁니다. 이런 새로운 시도는 성공할 거라 확신합니다. 적자를 각오하다니요, 천만의 말씀입니다. 처음부터 흑자를 낼 겁니다."

나는 자신 있었다. 그리고 충분히 승산이 있어 보였다.

관객을 걷게 하라

무대를 '정靜'으로 하고 관객으로 '동動'으로 하는 발상은 비단 공연에서만 가능한 것이 아니다. 예를 들어 지금까지 가게에 진열된 상품을 판매했던 방식의 경우 상인은 분주하게 움직이고 손님들은 가게 앞에 그대로 선 채 상품을 받는 방식이었다. 그 결과 인건비 급등에 허덕일 수밖에 없었다. 반면 마트 방식은 고객이 상품 앞을 지나다니면서 자유롭게 고를 수 있어 회전율도 빠른 데다 인건비도 덜 들어 이익이 확실히 더 크다.

손님이 움직이는 것, 그것이야말로 요즘 흐름에 맞는 상술 포인트다. 나는 한 수 앞을 그렇게 내다봤다.

내 판단은 옳았다. 밀랍 인형은 큰 홍행을 거두었고, 지금까지 인기가 이어지고 있다. 관객들은 마트에서 물건을 고르듯 밀랍 인형 주위를 맴돌면서 좋아했다.

제값을 받는
판매법

자신 있는 상품은 절대 깎아주지 마라

유대 상인은 어떤 상품을 비싸게 팔기 위해 다양한 자료를 근거로 비싸게 팔아야만 하는 정당성을 어필한다. 통계 자료와 팸플릿 등 온갖 것들을 비싸게 팔기 위한 자료로 활용한다. 내 사무실에도 유대인이 매일 같이 보내주는 그런 자료들이 산더미처럼 쌓여 있다.

유대인은 그렇게 자료를 보내놓고는 "보내준 자료를 가지고 소비자를 교육하시오."라고 말한다. 그러나 절대로 '할인' 이야기는 하지 않는다. 그들은 "상품에 자신이 있으니 깎아줄 수 없다."라고 말한다. 그리고 "일본인은 상품에 자신이 없으니까 깎아주는 거야."라고도 한다.

유대 상인이 "깎아줄 바에는 팔지 않는다."라고 배짱부릴 수 있는 것은 자신이 취급하는 상품에 대한 엄청난 자신감 때문이다. 좋은 상품은 싸게 팔 수 없다. 싸게 팔지 않기 때문에 이익이 크다. 이것도 돈이 되는 유대 상술의 비법이다.

유대 상술과
오사카 상술

'박리다매'는 어리석은 상술

내 고향 오사카의 상술은 일본을 대표하는 상술이다. 하지만 억척스럽기로 유명한 오사카 상술도 유대 상술 앞에서는 '상술'이라 부르기조차 민망할 정도로 유치한 수준이다.

오사카 상술을 요약하자면 '박리다매薄利多賣'로 악착같이 돈을 버는 방식이다.

그런데 유대인은 박리다매를 이해하지 못한다.

"많이 파는데 박리라니 그게 무슨 말도 안 되는 소리야. 많이 팔면 많이 벌어야지."

또 유대인은 어김없이 이렇게 말한다.

"박리로 많이 판다면 후지다가 말하는 오사카 상인은 바보가

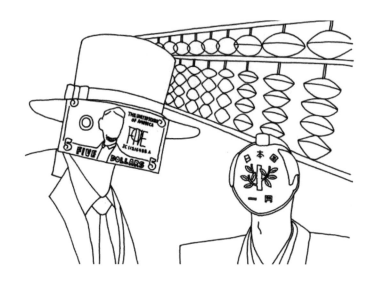

아닐까. 바보임이 틀림없어."

　나는 유대와 오사카의 역사를 비교해 보았다. 오사카는 닌도쿠 천황 이후 2000년의 역사를, 유대는 5000년의 역사를 가졌다.

　안타깝게도 유대 역사가 2배 이상 길다. 유대가 3000년 이상의 역사를 만들어 갈 때 일본은 문자조차 없었다.

　유대 상인이 오사카 상인의 박리다매 상술을 보면서 바보가 아니라면 정신 나간 상술이라고 비웃는 것도 무리는 아니다.

박리 경쟁은 죽음의 경주

동종업계 간에 박리다매로 경쟁하다가 둘 다 망하는 경우가 종종 있다. 옆집보다 조금이라도 싸게, 조금이라도 많이 팔겠다는 마음은 충분히 이해가 된다. 그런데 조금이라도 싸게 팔겠다고 생각하기 이전에 조금이라도 더 이익을 얻겠다는 생각은 왜 못하는지 모르겠다.

제조업이나 상사의 경우 수익이 낮으면 언제든지 쓰러질 위험에 노출된다. 하물며 '박리 경쟁'까지 한다는 것은 서로의 목에 줄을 묶고 '시작' 신호와 함께 서로의 목을 조이는 어리석기 짝이 없는 상술이다.

박리 경쟁이라는 '죽음의 경주'는 어쩌면 도쿠가와^{德川} 시대에 권력을 이용해 상인들을 탄압하여 물건을 헐값에 팔게 했던 그때의 잔재가 남아 있기 때문일지도 모르겠다.

부자에게
유행시켜라

내가 액세서리 수입에 손대지 않았더라면 일본의 액세서리 유행은 20년쯤 뒤처졌을 것이라 확신한다.

나는 액세서리를 수입할 때 백색 피부, 파란색 눈, 금발에 어울리도록 디자인된 것들은 거들떠보지도 않았다. 고급 핸드백은 수입만 하면 알아서 팔린다고 생각하면 오산이다. 나를 따라 액세서리 수입에 손을 댔다가 처참하게 실패한 업자들이 많다. 그들이 수입한 것은 팔리지 않고, 내가 수입한 것이 잘 팔리는 이유는 뭘까? 그 비밀은 나는 황색 피부와 검은 머리에 어울리는 액세서리만 수입하기 때문이다.

여기에는 물론 유대 상인의 적절한 조언이 도움이 됐다. "내가 아니었다면 액세서리의 유행은 20년쯤은 뒤처졌을 것이다."라고 호언장담하는 것도 그만한 자신이 있었기 때문이다.

부자들이 달려드는 미끼

상품을 유행시키는 데에도 요령이 필요하다. 유행에도 두 종류가 있는데 하나는 부자들 사이에서 시작되는 유행이고 다른 하나는 대중들이 만들어 내는 유행이다.

이 두 가지 유행을 비교해 보면 부자들 사이에서 일어난 유행이 압도적으로 오래 간다. 훌라후프를 비롯한 다카라 인형, 아메리칸 크래커와 같이 대중들 사이에서 폭발적으로 유행된 것들은 열기가 금세 식어 버린다.

반면에 부자들 사이에서 유행한 것이 대중들에게 넘어오기까지는 약 2년이라는 시간이 걸린다. 다시 말해 부자들에게 어떤 액세서리를 유행시켜 놓으면 2년간은 그 상품으로 장사를 할 수 있다는 것이다.

부자들에게 유행시키기 좋은 상품 중에 일등은 단연코 외국산 고급 명품이다. 일본인은 외국산 제품이라면 끔뻑 죽는다. 부자가 되면 될수록 외국산 제품에 대한 콤플렉스는 깊어진다.

품질은 국산품이 오히려 좋다는 걸 알면서도 일본인들은 두 배 이상 비싼 외국산 제품을 갖고 싶어 한다. 그 말인즉슨 우리가 아무리 비싼 가격표를 달아 놓아도 일본인은 기분 좋게 사준다는 것이다. 그러니 그 어떤 장사도 이보다 이득일 수는 없다.

'동경'을 자극해라

사람은 누구나 자신보다 한 단계 위를 보고 최소한 그 정도 수준의 삶을 살고 싶어 한다.

그런 의미에서 상류층과 부자는 대중의 동경 대상이다.

'결혼으로 신분 상승'이라는 말이 있다. 사람은 신기하게도 자신보다 지위나 경제 수준이 낮은 상대에게는 동경하는 마음을 갖지 않는다. 돈이 전부는 아니지만 상류층이 애용하는 유행품이 미치는 영향력은 실로 엄청나다. 상류층을 동경하는 경향은 특히 여성에게 강하게 나타나는 편인데, 남성 중에서도 본인은 고급 취향, 디럭스 취향, 귀족 취미라고 말하는 사람들이 의외로 많다.

이러한 심리를 이용하여 최고 상류층에게 고급 수입 액세서리를 유행시킨다고 가정해 보자. 그 계층을 동경하는 바로 아래 계층의 인구수가 2배 더 많다면 매출은 최초의 매출보다 2배 증가하게 된다. 그리고 또 다음 계급으로 유행이 번지게 되면 상품 판매는 4배로 늘어난다. 이처럼 최상류층의 유행은 점점 대중에게로 번져가기 시작한다. 그렇게 확산시키는데 걸리는 시간은 대략 2년 정도이다.

물론 유행이 대중화됨에 따라 가격은 점점 떨어진다. 하지만 그때쯤이면 우리 회사는 이미 그 상품에서 손을 뗀 상태이다. 지금까지 20년을 통틀어 우리 회사는 수입한 외국산 제품의 재고를 만들어본 적도 없거니와 할인 또한 한 번도 해본 적이 없다.

부자들이 좋아할 만한 제품을 가지고 장사하는 이상, 재고도 할인도 나에게는 해당 사항이 없다. 박리다매처럼 힘만 들고 이익은 적은 장사와도 인연이 없다. 부자들을 상대하면 '후리다매厚利多賣(높은 이윤을 남기면서도 많이 판매)'가 가능하기 때문이다.

후리다매
상술로 벌어라

희소가치는 돈이 되는 상품

후리다매는 '희소가치'를 팔면 얼마든지 가능하다.

오래전에 필리핀에서 가져온 진귀한 항아리를 "이것은 영국의 보물이옵니다."라며 도요토미 히데요시豊臣秀吉에게 상납한 사카이堺(오사카만에 자리 잡은 항구도시로 부유한 상인들이 모여든 지역) 상인이 있었다고 한다.

히데요시는 매우 귀한 것으로 생각하고 전쟁에서 큰 공적을 세운 다이묘大名(일본의 중세에서 근대에 이르기까지 번 등의 영지를 소유하였던 영주)에게 이 항아리를 하사했다. 다이묘도 대대로 자손들에게 이것을 가보로 물려주었다. 그런데 300년간의 도쿠가 쇄국이 풀리고 나서야 비로소 그 항아리가 서양의 변기였다는 사실이 밝

혀졌다고 한다.

그 변기가 일본에서는 명실공히 영국의 보물로 인정받을 수 있었던 까닭은 당시 일본에는 그와 같은 물건이 존재하지 않았기 때문이다. 따라서 히데요시나 다이묘는 그 희소가치를 높게 평가한 것이다. 남들에게 없는 것이 나에게는 있다는 것만큼 인간의 자존감을 높여주는 것도 없다.

무역상이 재미있는 것도 바로 이 때문이다.

해외에서 1,000엔이면 살 수 있는 것을 일본에 가져오면 100만엔에 팔 수 있는 경우가 있다. 상품의 희소가치가 높을수록 이익률은 높아진다. 상품을 싸게 수입해서 비싸게 팔 수 있는 사람이 수완 좋은 수입상이고, 그와 반대로 희소가치가 있을 법한 물건을 해외에 비싸게 팔 줄 아는 사람이 능력 있는 무역상이다.

문명의 낙차落差를 팔다

외국산 제품에 비싼 가격이 매겨지고 잘 팔리는 데에는 또 다른 이유가 있다.

오스트리아에는 액세서리를 제작하는 업체가 300여 군데나 있다. 그런데 그 어느 업체도 다른 업체의 제품을 절대로 모방하지 않는다. 자신들이 창작한 결과물에 자긍심을 가지고 몇백 년 동안 독자적인 제작 활동을 이어가고 있다. 이곳에서는 일본처럼 절대로 남의 제품을 재빠르게 카피하는 일은 생기지 않는다.

제품 하나하나에 오래된 역사의 무게가 녹아 있기 때문이다.

몇백 년 내지는 몇천 년 동안의 역사적 무게, 지혜의 결정으로 빚어낸 제품이다 보니 비싼 가격을 매겨도 사람들은 그 가치를 인정해 준다. 이것이 비싸지만 팔리는 또 다른 이유이다.

수입상은 오랜 문명과 새로운 문명과의 낙차에 값을 매기고, 문명의 낙차가 만들어 낸 에너지를 이익으로 전환해 장사한다. 물론 그 낙차가 클수록 돈이 더 된다.

유대인의
이름

'야마이시山石' 씨, '가나야마金山' 씨, '시시이와獅子岩' 씨….

일본인의 이름에는 이를테면 '후지다藤田'는 '등나무밭', '엔도遠藤'는 '먼 곳의 등나무', '도요타豐田'는 '기름진 밭'이라는 의미가 담겨 있다.

유대인의 이름에도 일본인과 마찬가지로 뜻이 있어 다른 백인들의 이름과 확연하게 구분된다.

예를 들어 '아인슈타인'은 '하나의 돌'이라는 뜻이다. '아인'은 '하나', '슈타인'은 '돌'이나 '바위'를 의미한다. '베른슈타인' 씨는 '산에 있는 돌─야아미시山石' 씨가 되고, '골드슈타트' 씨는 '금의 마을─가나마치金町' 씨가 된다.

'골든버그' 씨의 경우는 '금산─가나야마金山' 씨이다.

'로엔슈타인' 씨는 '사자바위—시시이와獅子岩' 씨로 바꿔 부를 수 있다.

'로엔'이란 '라이언'을 뜻한다.

이름에 따라 출신 지역을 유추할 수도 있다.

'—슈타인', '—버그'라는 이름을 가진 사람은 독일계 유대인, 즉 '저맨 쥬'이다. '맷소버'나 '파울'은 시리아어 이름이므로 시리아계 유대인이다. '파울'은 시리아어로 '높다'라는 뜻이다.

'카탄'은 '목면木綿'을 의미한다.

구약성서에 나오는 10대 현인賢人의 이름을 가진 사람도 많다. '가운' 씨 등도 그중 하나로 '성스러운 의복—세이衣聖' 씨는 자신의 전통 있는 집안을 언제나 자랑스러워한다.

유대인의 수학—대학교수도 모르는 것

아라비아 숫자 '1'은 어째서 '일'이고, '2'는 어째서 '이'인가? 이 질문에 답할 수 있는 수학자는 아마 없을 것이다.

그런데 유대인은 할 수 있다.

'1'은 각角이 하나, '2'는 각이 둘, '3'은 각이 세 개라고 설명한다.

나는 어디에서 들었던 풍월로 아라비아 숫자 이론을 케임브리지대학과 하버드대학 교수에게 가르친 적이 있다.

"그것이 옳다는 이론적 근거가 있습니까?"

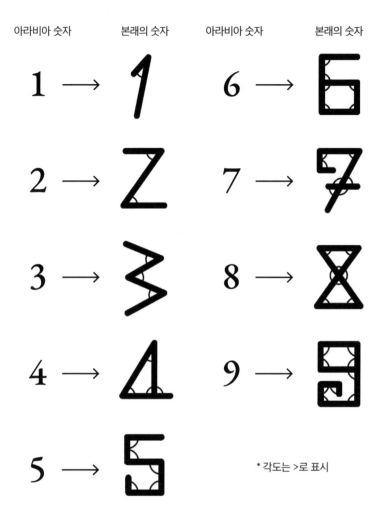

아라비아 숫자	본래의 숫자	아라비아 숫자	본래의 숫자
1 →		6 →	
2 →		7 →	
3 →		8 →	
4 →		9 →	
5 →			

* 각도는 >로 표시

[아라비아 숫자와 각도]

두 교수는 이렇게 반문했다.

나는 그들을 대신해 자신만만하게 말했다.

"이는 유대인의 공리입니다. 공리는 입증이 필요 없어요. 5000
년 역사가 검증한 것이니까요."

유대 상술의
중추

★ ★ ★ **Part 3** ★ ★ ★

일하기 위해 먹지 말고,
먹기 위해 일하라

"인생의 목적이 무엇인가요?"

유대인에게 이렇게 질문하면 준비하고 있었다는 듯 상당히 구체적인 답변이 돌아온다.

"돈을 버는 것!"

만약 이런 대답이 나오리라 예상했다면 그것은 착각이다.

"인생의 목적은 맛있는 음식을 마음껏 먹는 것입니다."

유대인은 어김없이 이렇게 대답한다.

"그럼, 왜 인간은 일하죠?"

또 물어보면 유대인의 대답은 이렇다.

"인간은 먹기 위해 일하는 겁니다. 일할 에너지를 보충하기 위해 먹는 것이 아닙니다."

같은 질문을 일본 회사원에게 한다면 아마도 정반대의 대답이 돌아왔을 것이다. 일본인은 의심의 여지없이 일을 위해 끼니를 챙겨 먹는 민족이다.

먹기 위해 일한다는 유대인들의 가장 큰 행복은 근사하게 차려입고 최고급 레스토랑에서 성대한 식사를 즐기는 것이다.

그런 연유에서 누군가에게 마음을 표현하고 싶을 때도 그들은 성대한 식사에 초대한다. 초대하는 장소가 자택이 될 수도, 레스토랑이 될 수도 있다.

만찬에 초대한다는 것은 유대인이 상대방을 가장 극진하게 대접하겠다는 뜻이다.

성대한 만찬은 유대인의 즐거움임과 동시에 재력의 권위를 보여 주는 상징적 의미를 담고 있다. 유대인은 약 2000년 동안 박해와 차별과 질시를 받으며 살아왔다. 그렇지만 신에게 선택받은 민족이라는 자부심을 가슴속 깊이 간직해 왔고, 언젠가는 이교도를 반드시 무릎 꿇게 만들겠다고 맹세해 왔다.

그리고 그들은 이를 실현하기 위해 금융업과 상업에 적극적으로 뛰어들었다.

결국 오늘날 유대인은 이교도에게 재력으로 군림하고 있다. 이를 증명하듯 자신의 재력을 과시할 수 있는 절호의 기회가 바로 성대한 만찬이다.

유대인이 인생을 즐기는 방식

유대인은 만찬을 두 시간 남짓 되는 시간 동안 천천히 즐긴다. 먹는 것이 인생의 목적이므로 5분 또는 10분 만에 해치워 버리는 일은 절대로 하지 않는다. 유대인은 성대한 만찬을 충분히 즐기는 것에서 행복감을 느낀다. 그리고 이러한 행복을 만끽하기 위해 물불 안 가리고 열심히 돈을 번다.

일본에는 "일찍 일어나는 새가 벌레를 잡는다."라는 속담과 비슷한 의미의 "조침早寢(일찍 잠자리에 들기), 조기早起(일찍 일어나기), 조반早飯(아침식사를 빠르게 챙기기), 조변早便(아침에 배변을 규칙적으로 하기)은 서 푼의 득得이다."라는 속담이 있다. 그런데 겨우 서푼을 벌기 위해 빨리 밥을 먹고 빨리 일하지 않으면 안 된다는 건 너무 궁상맞지 않은가? 이것이야말로 일본인의 빈곤함을 단적으로 나타낸 말이라 생각한다. 그래서 나는 이 속담을 정말 싫어한다.

업무를
식탁에 올리지 마라

유대인은 만물박사라 할 만큼 박식하다. 그들은 오랜 시간 음식을 천천히 음미하며, 다양한 주제에 걸친 풍부한 대화를 나누는 것으로 식사를 더욱 즐겁게 만든다. 가족 이야기, 레저 이야기, 꽃 이야기 등 다양한 이야기들이 끊임없이 이어진다.

하지만 모든 것을 화제에 올리면서도 금기시된 주제가 있다. 유대인들은 원래 음담패설을 좋아하지 않으니 애써 그것까지는 언급하지 않더라도, 전쟁과 종교 그리고 일에 관한 이야기는 절대로 해서는 안 된다는 암묵적인 규칙이 존재한다.

먼저 유대인은 쫓기는 신세로 세계 곳곳을 전전하며 살아오다 보니 전쟁에 관한 이야기는 식사 분위기를 해친다고 생각한다.

종교에 관한 이야기도 이교도와의 갈등만 일으킬 뿐이다.

태평양전쟁에서는 300만 명의 일본인과 50만 명의 미군이 목숨을 잃었다. 그로부터 25년이란 시간이 지난 지금은 더 이상 그 일에 대해 아무도 말하지 않게 되었다. 하지만 무려 2000년 전 죽은 한 명의 유대인에 대해 기독교인들은 여전히 비난을 퍼붓는다. 대체 왜 그러는 걸까? 종교 이야기를 하게 되면 유대인은 오랜 세월 겪어온 부당한 현실을 개탄하고 싶어지는 이유이다.

일과 관련된 이야기도 이해관계가 상충하여 불쾌해질 수 있으므로 식사 자리에서 언급하지 않는다.

이처럼 유대인은 소중한 식사의 즐거움을 해칠 만한 화제는 최대한 피하려고 한다. 유대인에게는 술집 아가씨를 옆에 끼고 부어라 마셔라 취한 상태로 업무 이야기하는 일본인이 도저히 이해할 수 없는 대상이 되는 것이다.

나는 일본인에게도 '기본적인 인권'이 있다면 식사하는 동안만큼은 일 이야기를 멈춰야 한다고 생각한다. 일본인이 밥을 먹으면서도 일 이야기를 하는 것은 기본적인 인권이 일본인에게는 없기 때문이라고 나는 생각한다.

조반 조변은 겨우 서 푼의 득이다

업체와 미팅이 길어지는 날이면 나는 사무실에서 늦은 식사를 할 때가 가끔 있다. 마침 그 타이밍에 회사를 방문한 유대인은 미안해하며 이렇게 말한다.

"신경 쓰지 마시고 천천히 식사하세요. 저는 다음에 찾아뵙겠습니다."

내가 당황해하며 급하게 음식을 입안으로 욱여넣으면 유대인은 진지한 얼굴로 말한다.

"미스터 후지다. 그러면 안 돼요. 당신은 인생을 잘 못 사는 거예요. 식사를 즐기세요."

사무실 근처의 긴자나 신바시에 나가면 점심을 허겁지겁 때우는 회사원들이 많다. 나는 '이들은 무엇을 위해 일하고 무엇을 위해 먹는 걸까?' 하고 유대인의 시각으로 그들을 바라보게 될 때가 있다.

조반 조변의 노예근성에 찌든 일본인에게 성대한 만찬까지는 엄두도 안 날 테지만, 적어도 식사하는 동안만이라도 일에서 벗어나는 마음의 여유를 가졌으면 좋겠다.

일본의 속담에 "서두르는 거지는 얻는 것이 적다."라고 했다. 조반 조변은 서 푼어치밖에 안 된다는 걸 명심했으면 한다.

돈 있는 사람 훌륭한 사람,
돈 없는 사람 못난 사람

'돈 있는 사람은 훌륭한 사람이고, 돈 없는 사람은 못난 사람'이라는 인생관을 가진 유대인의 모든 가치관의 기준은 '돈'이다.

유대인이 말하는 '위대한 사람'이란 성대한 만찬을 매일 밤 즐길 수 있는 사람이고, 매일 밤 성대한 식사를 즐기는 사람을 존경한다.

유대인에게 청렴한 학자 같은 삶을 사는 사람은 위대하지도, 존경할 만한 가치가 있는 사람도 아니다. 아무리 학문과 지식을 겸비해도 가난하다면 그저 경멸과 무시의 대상일 뿐이다.

돈을 많이 가지고 있고 그것을 마음껏 쓸 수 있는 사람이 세상에서 가장 위대한 사람이라는 유대인 특유의 가치관이 유대인을 더욱 돈에 집착하게 만든다.

현금을 안고 죽고 싶다

유대인의 현금에 대한 집념을 묘사한 작은 일화가 있다.

어느 부자 유대인이 임종이 다가오자 가족을 한자리에 불러놓고 유언했다.

"내 재산을 전부 현금으로 바꿔 와라. 그리고 그것으로 가장 비싼 담요와 침대를 마련해라. 남은 현금은 머리맡에 쌓아두었다가 내가 죽거든 관 속에 같이 넣어라. 내가 죽더라도 돈을 저세상으로 가져갈 것이다."

가족들은 그의 말대로 담요와 침대, 현금을 준비했다. 부자는 고급 침대에서 포근한 담요를 덮고 누운 뒤 머리맡에 놓여 있는 현금다발을 흐뭇하게 바라보다 숨을 거두었다.

그리고 어마어마한 현금은 그의 유언대로 시체와 함께 관속으로 들어갔다.

그때 마침 그의 친구가 달려왔다. 친구는 가족들로부터 전 재산을 그의 유언대로 현금으로 바꿔 관에 넣어주었다는 말을 듣고, 곧장 주머니에서 수표책을 꺼내 들어 금액을 적고 사인한 뒤에 관 속으로 집어넣었다.

그리고 관 속의 현금을 모두 다시 꺼내며 죽은 친구의 어깨를 툭 치며 말했다.

"현금과 동일한 금액의 수표이니 자네도 만족할 것이네."

죽어서까지 현금을 가지고 가려 한 유대인의 돈에 대한 집념, 그리고 그 현금을 수표로 바꾸면서까지 손에 쥐려고 한 친구의 돈에 대한 집념, 부창부수인 두 남자의 이 이야기만큼 유대인의 현금에 대한 집념을 잘 나타낸 일화도 없을 것이다.

믿을 수 있는 건
오직 자기 자신뿐이다

1967년 가을, 나는 시카고에 있는 데이비드 샤피로 씨 댁을 방문했다. 유대인인 샤피로 씨는 고급 구두업체의 사장이다.

3만 제곱미터는 족히 넘어 보이는 그의 드넓은 저택에는 푸른 잔디밭 정원과 수영장까지 갖추어져 있었다.

저택 너머에는 크림색 제화공장 3개 동이 나란히 서 있었다.

그날 나는 샤피로 씨의 만찬 행사에 초대받은 것이다. 곧 50번째 생일을 맞이한다는 샤피로 씨는 날렵한 몸으로 달려와 구두 명인의 내공이 느껴지는 거친 손으로 악수를 청하며 곧바로 제화공장을 구경시켜 주었다.

두 번째 공장인 품질검사 공장에 도착했을 때였다. 샤피로 씨는 반제품 구두 밑창을 검사하고 있는 청년의 어깨를 두드리며 말

을 걸었다.

"이봐, 조!"

그는 뒤돌아보며 활짝 웃었다.

"오! 디브."

나는 귀를 의심했다. 청년이 사장인 샤피로 씨를 '디브'라는 애
칭으로 부르고 있었기 때문이다. 샤피로 씨는 놀란 나에게 청년
을 소개해 주었다.

"내 큰아들 조셉입니다."

나는 조셉과 악수하면서 마음이 복잡해졌다. 아들에게 이름으
로 불리면서도 태연한 샤피로 씨의 심정을 도무지 이해할 수 없었

기 때문이다.

이런 나의 의문은 한 시간도 채 지나지 않아 말끔히 해소되었다. 샤피로 씨가 세 살밖에 안 된 둘째 아들 토미에게 하는 유대식 자녀교육법을 볼 수 있었기 때문이다.

토미는 열한 살 된 장녀 캐시 양과 커다란 벽난로가 있는 응접실에서 뛰어다니며 놀고 있었다. 샤피로 씨는 신나게 놀고 있는 토미를 번쩍 들어 올려 벽난로 선반에 세워두고는 두 팔을 벌리며 말했다.

"토미, 자 아빠 쪽으로 점프해 보렴."

토미는 아빠가 같이 놀자는 줄 알고 신나는 표정으로 샤피로 씨의 품 안으로 점프했다. 나는 토미가 아빠의 품에 안길 거로 생각했는데, 토미가 뛰어내리는 순간 샤피로 씨는 팔을 뒤로 휙 빼 버렸다. 토미는 그대로 바닥에 떨어졌고 이내 울음을 터뜨리고 말았다.

아연실색한 내가 샤피로 씨를 쳐다보니 그는 싱글벙글 웃으며 토미를 보고만 있었다.

토미는 맞은편 소파에 앉아 있는 엄마에게 울면서 달려갔다. 그런데 엄마도 웃음을 지으면서 "참 짓궂은 아빠야!"라면서 아무렇지도 않다는 듯이 토미를 바라보고 있을 뿐이었다.

샤피로 씨는 놀란 표정으로 이 광경을 지켜보고 있는 내 옆에 와 앉으며 웃음기 없는 얼굴로 말했다.

"이건 유대인의 교육 방식입니다. 토미는 벽난로에서 아직 혼자 뛰어내릴 힘이 없습니다. 그런데도 내 말에 속아 뛰어내려 버렸지요. 그래서 나는 일부러 손을 거둔 것입니다. 이런 경험을 두세 번 반복하는 동안에 토미는 아무리 아버지라도 전적으로 믿으면 안 된다는 사실을 차츰 자각하게 될 것입니다. '아버지도 맹신해서는 안 된다. 믿을 수 있는 건 오직 자기 자신뿐이다.'라는 사실을 지금부터 가르치는 것 입니다."

나는 샤피로 씨의 장남이 아버지를 이름으로 부른 이유를 드디어 알 수 있을 것만 같았다.

샤피로 씨 댁에서는 장남인 조셉을 한 사람의 어엿한 인격체로 인정하고 있었다. 독립된 인격체로 인정되면 그에게는 아버지와 똑같은 인권이 부여된다.

아버지가 부자인데도 조셉이 공장에서 일했던 것은 독립된 인격체로서 인정받고 있었기 때문이다.

금전 교육은
어릴 때부터 시작하라

샤피로 씨는 자녀에게 주는 용돈에 관한 이야기도 들려주었다.

"정원의 제초 작업을 도와주면 10달러, 아침에 우유를 나르면 1달러, 신문을 사 오면 2달러라는 식으로 일의 강도에 따라 지급하는 금액을 정해 두었지요. 누가 하든 금액은 같습니다. 동일 노동, 동일 임금이니까요."

샤피로 씨는 이렇게 말하면서 웃었다. 샤피로 씨 일가의 용돈은 월에 얼마, 주에 얼마로 정해져 있지 않고 나이가 많다고 동생들보다 많이 받을 수 있는 것도 아니었다. 오로지 업무 능력에 따라 수당과 상여금이 지급되었다.

일본의 대부분 가정에서 장남의 용돈이 월 3,000엔이라면 둘째는 2,000엔, 셋째는 1,000엔 같이 나이에 따라 금액이 차등 지급되는 것과 비교된다.

서양의 노동자와 직장인은 철저하게 능력과 능률에 따라 돈을 버는 것에 익숙하다. 같은 일을 하는 경우라면 스무 살의 청년이든 마흔 살의 중년이든 동일한 임금을 받는 것을 당연시한다. 그런데 일본의 노동자와 직장인이 연공 서열에 집착하고 능력과 능률에 따른 급여체계를 거부하는 것은 어릴 때부터 받아온 금전 교육과 노동 교육이 서양과는 차이가 있었기 때문이라 할 수 있다.

나는 그 뒤로도 각지에 있는 유대인 가정을 여러 차례 방문했는데, 모든 가정에서 예외 없이 유아 교육 단계 때부터 유대 상술을 실천하고 있었다.

일본에는 음감音感 교육에 도움이 된다는 이유로 악보도 제대로 못 보는 유아에게 억지로 피아노를 가르치는 열성 부모가 많다. 나는 그런 아무짝에도 쓸모없는 교육보다는 일찌감치 금전 교육을 하는 편이 앞으로 자녀들이 부자로 살아가는 데 도움이 될 거 같은데 어떻게 생각할지 모르겠다.

누구도 믿지 마라,
심지어 아내일지라도

유대인은 사업할 때 피는 물보다 진하다고 하면서 오직 유대인만을 신용한다.

"유대인은 계약서가 있든 없든 자신이 뱉은 말은 반드시 지키니까 신용할 수 있는데, 이방인은 계약을 우습게 아니까 신용할 수 없다."

이것이 유대인의 사고방식이다.

만에 하나 계약을 이행하지 못하는 유대인이 있다면 당장 그는 유대 사회에서 매장된다. 유대인이 유대 사회에서 매장당했다는 것은 유대 상인으로서 사형선고를 받은 것이나 마찬가지다. 두 번 다시는 상인으로 복귀할 수 없음을 의미한다. 그런 계율이 있기 때문에 유대인은 무슨 일이 있어도 약속을 꼭 지킨다. 유대인이 이방인과 거래할 때 매우 엄격한 조건을 제시하는 것도 이러한 이유에서다.

사업이나 상거래에서 물보다 진한 피를 나눈 유대인을 신용한다고 말하는 유대 상인들도 금전 문제와 관련해서는 더욱더 까다로워진다. 같은 유대인 동료는 물론이고 부인조차 믿지 않는다.

시카고에 사는 내 유대인 친구 N 변호사는 진지한 표정으로 이렇게 말했다.

"부인이 생기면 그녀는 내 재산을 노릴 거야. 어쩌면 나를 죽이고 내 재산을 손에 넣기 위한 계략을 세울지도 몰라. 나는 목숨과 재산을 희생하면서까지 결혼하고 싶지는 않아."

인간은 즐기기 위해서 일한다

N 씨의 한 달 수입은 50만 달러로 약 1억 7,000만 엔이다. 그러다 보니 N 씨는 한 달 일하고 두 달 쉬는 유유자적한 삶을 즐긴다. 한 척에 6만 달러나 하는 요트가 여섯 척이나 있을 뿐만 아니라 아름다운 걸프렌드들과 기분 내키는 대로 전 세계의 바다를 누비고 다닌다.

그런 N 씨로선 근면한 일본인을 놀리는 일이 여간 재미난 게 아니었나 보다. 그는 카리브해 휴가지에서 밤낮없이 걸프렌드들에게 둘러싸인 채 즐기다가 내게 전화를 걸어왔다.

"안녕, 미스터 후지다. 땀 흘리면서 일하는 거야? 지금 나는 카리브해에 있어. 바닷바람을 만끽하는 중이지. 기분이 미치도록 좋아. 하하하….".

이처럼 노는 데에는 돈을 물 쓰듯 쓰며 낭비를 서슴지 않는 그도 막상 업무에 들어가면 180도 달라진다. 단 1달러, 1센트까지도 허투루 생각하지 않는 것이다.

나는 N 씨가 업무차 일본에 왔을 때 협상하는 모습을 지켜본 적이 있다. 그때 '좀 더 당당해도 될 텐데….'라고 얼마나 안타까운 마음이 들었는지 모른다. 그는 개처럼 벌어서 정승처럼 돈을 쓰고 있었다.

N 씨는 "인간은 즐기기 위해 일한다. 쾌락은 지상 최고의 행복이다."라고 공언하는 유대 상인의 강인한 모습을 몸소 실천하고 있었다. 그리고 걸프렌드들을 늘 가까이하면서도 결코 결혼만큼은 절대로 하지 않겠다는 그를 통해 부인조차 믿지 않는 유대인의 굳건한 금전 제일주의를 엿볼 수 있었다.

N 씨는 세계적인 유대인 부호 로스차일드 가문 출신이다. 그래서 그는 "아무리 며느리와 사위라 할지라도 '남'에게 마음을 내주면 안 된다."라는 로스차일드 가문의 가헌家憲을 성실히 수행하며 독신을 고집하나 보다.

색다른 발상이
성공을 이끈 사례

시카고에 사는 N 씨 옆집이 《플레이보이》잡지 사장인 휴 헤프너 씨의 자택이자 그 유명한 '플레이보이 관館'이다. 휴 헤프너 씨 또한 유대인이다.

원래 그는 신문기자였다. 기자 시절 그는 부당하게 낮은 주급을 10달러 인상해 달라고 편집장에게 요구했다.

"뭐라고? 너 같은 놈에게 그런 돈은 줄 수 없어!"

편집장은 한마디로 일축했다. 헤프너 씨는 그 자리에서 사표를 던지고 신문사를 그만두었다. 그에게 남은 것이라곤 기자 생활하면서 배운 취재 능력과 편집 지식뿐이었다.

그래서 헤프너 씨는 돈을 긁어모아 글래머러스한 여성의 컬러 누드 사진을 실은 《플레이보이》잡지를 발행했다. 이는 불량한 남성들에게 폭발적인 인기를 얻었다. 회사에서 잘린 백수였던 신문기자가 단숨에 인기 잡지사의 편집장과 사장으로 환골탈태한 것이다.

《플레이보이》잡지가 성공하자 헤프너 씨는 '플레이보이 클럽'을 시카고에 열었고, 토끼 귀와 꼬리를 단 바니걸을 채용해 손님들을 유혹했다. 이 또한 초대박이 터졌고 세계 각지에 '플레이보이 클럽' 지점들이 잇따라 오픈하게 된다.

현재 헤프너 씨는 '플레이보이 관'에서 수십 명의 여성들에게 둘러쌓여 아무런 근심 걱정 없이 살고 있다.

그는 여성의 아름다움을 상업적으로 표현하면서 큰 성공을 거둔 인물로, 이러한 삶의 방식은 그가 독신이었기에 가능한 일이라고 할 수 있겠다.

상대를 지레짐작으로
신용하지 마라

나는 세계 각국의 유대 상인과 업무 관계를 유지하고 있기 때문에 그들의 소개로 일본을 방문하는 각양각색의 유대인을 만나왔다. 유대 상인의 소개로 왔다고 하지만 반드시 그가 유대 상인이라는 보장은 없다. 오히려 상인이 아닌 유대인인 경우가 더 많았다. 그런데 상인이 아닌 유대인들도 유대 상술의 기초는 모두 터득하고 있어서 그들을 만날 때마다 나는 깜짝 놀라곤 했다.

어느 날, 나와 친분이 두터운 유대 상인의 소개로 유대인 화가가 찾아왔다. 나는 그 화가를 긴자에 있는 크라운 술집에 데리고 갔다.

유대인 화가는 종이를 꺼내더니 반짝이는 옷을 휘감은 호스티스 한 명을 데생하기 시작했다. 이윽고 완성된 그림을 보여 주는

데 매우 훌륭한 솜씨였다.

"정말 잘 그렸네요!"

내 칭찬을 확인한 그는 나를 마주 보고 앉더니 다시금 바쁘게 손을 움직이기 시작했다. 가끔 내 쪽으로 왼손을 길게 뻗어 구도를 잡듯이 엄지손가락을 세워 보이곤 했다. 내 자리에서는 그의 그림이 보이지 않았지만 아마도 나를 모델로 그리고 있는 것 같아 기분이 좋아졌다.

'그렇다면 그가 그리기 쉽도록 협조해야지.'

나는 약간 옆모습이 보이도록 자리를 잡고는 10분여 동안 꼼짝 않고 가만히 있었다.

"자, 됐습니다."

그의 말이 떨어지고 나서야 비로소 나는 크게 숨을 쉬었다.

체면이 구겨진 '긴자의 유대인'

그런데 그의 그림을 본 나는 할 말을 잃었다. 스케치북에는 그의 왼쪽 엄지손가락이 그려져 있는 것이 아닌가.

"힘들게 포즈까지 취해 줬는데, 고약하군요."

화가는 성이 나서 투덜대는 나를 보며 유쾌하게 웃었다.

"미스터 후지다. 나는 시카고에서 '긴자의 유대인'으로 명성이 자자한 당신을 잠시 테스트해 보고 싶었습니다. 그런데 당신은 제가 무슨 그림을 그리는지 확인도 해보지 않고, 자신을 그릴 거라는 지레짐작만으로 포즈까지 취했습니다. 그 선의는 감사하지만 아직 갈 길이 멀다고 생각합니다. 이 정도로는 '긴자의 유대인'이라는 타이틀을 드릴 수 없습니다."

나는 화가가 호스티스를 그려줬으니 지레짐작으로 다음 차례는 나일 거라 확신했다.

그러고 보니 유대 상인은 아무리 한 번 거래가 잘 된 상대라 해도 새로 거래할 때는 상대방을 처음 거래하듯이 대하고 그 이상의 신용을 주지 않는다. 거래할 때마다 그때그때 매번 '첫 거래'인 것이다. '두 번째니까 지난번처럼 잘 되겠지.'라는 지레짐작으로 상대방을 믿어 버린다면 유대 상술에서 합격점을 받을 수 없다.

나는 순간 눈앞에 앉아 있는 사람의 본업이 화가가 아닌 유대 상인이 아닌가 하는 의심마저 들었다.

국가의 주권 따위는
개나 줘 버려라

광기에 휩싸인 독일 나치는 제2차 세계대전 동안 대대적으로 유대인 사냥을 펼쳐서 600만 명의 유대인을 학살했다. 종전 이후 군사 재판에서 나치 고위층 대다수는 사형 또는 종신형 선고를 받았다. 그러나 단 한 사람 아이히만의 행방만은 묘연했다.

그도 그럴 것이 아이히만은 이미 남미로 도주해 아르헨티나에서 신분을 위장하여 살고 있었다.

그 사실은 이스라엘의 비밀경찰에 의해 마침내 탐지되었다. 그가 아이히만이라는 확실한 물증을 확보한 비밀경찰은 바로 아르헨티나로 건너가 아이히만을 체포해 이스라엘로 연행했다. 그리고 재판에서 그는 사형이 선고되어 처형되었다.

개인적으로 수많은 죄 없는 유대인을 가스실에 가두어 처참하게 참살한 나치에게 일말의 동정심이 느껴지지 않는다. 아이히만의 사형은 지극히 당연한 결과였다고 생각한다.

다만 아이히만이 아무리 끔찍한 범죄자였다고 해도 이스라엘의 비밀경찰이 아르헨티나로 몰래 들어가 아이히만을 체포해 온 부분에 대해서는 왠지 모르게 불편하다.

이스라엘의 비밀경찰은 너무나 당당하게 아르헨티나의 주권을 침해한 것이다. 통상적으로 이런 문제가 발생하면 해당 국가에 범죄인 인도를 요청하고 정치적으로 해결책을 모색한다. 그런데 이스라엘의 비밀경찰은 남의 나라에 우르르 몰려 들어가 아이히만을 끌고 왔다.

분명한 사실은 이스라엘이 아르헨티나 주권을 침해한 것이다.

세계 언론인도 유대당?

기묘한 것은 그에 대한 세계 언론의 태도였다. 아르헨티나 주권이 침해당한 사실을 지적하는 신문사는 단 한 군데도 없었다. 모든 언론사의 지면은 악랄한 살인자 아이히만을 비난하는 기사들로 도배되었다.

한 나라의 주권을 침해한 사실은 심각한 사건으로 다루어야 마땅하다. 그러나 모든 언론 기관이 그 부분을 덮었고 아이히만의 죄질만을 강조했다.

이는 유대인의 힘이 세계 언론에까지 미치고 있음을 시사하는 방증이다. 불편부당함을 따져야 할 언론마저도 유대당^黨에 포섭된 것이다.

나는 아이히만 체포 사건과 관련해 몇몇 유대인에게 이스라엘이 아르헨티나 주권을 침해한 것은 잘못된 일이라며 비난했다.

"그건 당신 생각이 틀렸어. 주권이고 나발이고 그런 게 뭐가 중요해. 무려 600만 명이나 되는 유대인을 학살한 놈이란 말이야."

유대인은 당연하다는 표정으로 내 말을 가볍게 무시했다. 하지만 나는 그런 논리는 설득력이 없다고 생각한다.

유대인의 엄청난 실력은 설득력이 없는 논리마저도 설득해 버리는 힘에서 나온다.

언론의 입만 틀어막으면 국가의 주권을 침해한 것은 물론이고 세상을 원하는 대로 주무를 수 있다. 유대인은 그 사실을 간파하고 이미 실행 중인 것이다.

납득할 때까지
질문하라

일본인은 외국으로 여행을 가면 가이드가 안내하는 명승고적을 둘러보는 것에 만족하고 돌아오는 경우가 많다. 이는 아마도 학창 시절 수학여행 때의 관성이 남아 있기 때문일지도 모른다. 유치한 여행을 하고 즐거워하는 것이다.

일본인은 서양 국가들을 돌아다닌다고 해도 영국인, 프랑스인, 미국인, 유대인 등을 겉모습만 보고 구별하지 못한다. 얼굴도 구별하기 어려운데 하물며 그 나라의 국민 생활을 이해하고 오는 것은 너무나 힘든 일이다. 그보다는 편하게 구경하다 오자는 식이 되어 버리는 것이다.

생선 가게 사장님 말에 따르면 물고기들도 제각각의 생김새가 다르다고 한다. 이 방어는 얼짱이라거나, 이 녀석은 추남이라거나 생김새로 구별할 수 있다고 한다. 나도 유대인을 20년 넘게 상대하다 보니 유대인을 한눈에 바로 알아볼 수 있게 되었다. 유대인에게는 그들 특유의 날카로운 매부리코가 있다. 그 코로 구별할 수 있다.

일본인이 백인을 잘 구별하지 못하듯이 백인들도 한국인, 일본인, 중국인을 구별하는 게 여간 어려운 일이 아니다. 그래서 대부분의 백인은 일본인과 마찬가지로 굳이 구별하려 애쓰지 않는다. 그런데 유대인은 다르다. 그들은 명승고적에는 별다른 흥미를 보이지 않지만 다른 인종과 다른 민족의 생활 습관이나 심리, 역사에 대해서는 전문가 이상의 호기심을 보이며 그 민족의 내면까지도 궁금해한다.

'어중간'이라는 죄

이러한 호기심은 오랜 세월 동안 방랑과 박해로 형성된 다른 민족에 대한 경계심이자, 자기방어 본능에 의한 일종의 슬픈 습성인지 모른다. 하지만 이런 호기심이 유대 상술의 중추적 역할을 하고 있다는 것은 분명하다.

일본을 방문한 유대인들은 내 사무실에 와서는 예외 없이 부탁한다.

"후지다 씨, 자동차 좀 빌려주세요."

"관광지에 가실 거면 제가 안내해 드리죠."

"안내는 필요 없어요. 미리 공부를 많이 하고 왔으니까요."

그래서 차를 내주면 지도와 가이드북만 손에 쥐고 출발한다. 그리고 며칠 후 나타나는데, 그때부터가 곤욕이다. 차를 빌려준 사례로 대접하고 싶다며 나를 불러내서는 밥 먹을 틈도 주지 않고 질문 공세를 퍼붓는다.

"일본 남자들은 밖에서는 기모노를 입지 않으면서 왜 집에서는 기모노를 입나요?"

"왜 다비(일본 버선)는 흰색인가요? 그렇게 흰색을 발에 신으면 때가 잘 타지 않나요?"

"왜 젓가락을 사용하죠? 수저가 더 먹기 편할 텐데요. 젓가락은 일본 선조들이 궁핍했던 시절의 유물이 아닐까요?"

질문, 질문 또 질문. 유대인은 자신이 납득할 때까지 질문을 멈추지 않는다. 질문받은 쪽이 애매모호한 지식밖에 없으면 오히려 크게 망신당할 지경이다. 그들은 어중간한 지식으로 설명하면 수긍하지 않는다.

어중간하게 아는 것을 극도로 싫어하는 유대인의 성격은 유대 상인과의 거래에서도 고스란히 드러난다.

그들은 납득할 수 있는 거래만을 한다. 이는 유대 상술의 철칙이기도 하다.

적을 알고
나를 알라

유대인이 일본에 관한 질문을 나에게 퍼부을 때면, 특히 일본인의 비합리적인 부분을 들춰내 이를 추궁하는 경우가 많다. 자기들 전통 양식과 다른 일본의 풍습, 습관, 전통, 취미 등 엉뚱하고 참신한 질문들로 나를 곤혹스럽게 한다. 하지만 따지고 보면 이런 질문은 합리적이고 쾌적한 삶을 우선시하는 그들의 인생 철학에서 나온 것이다. 그런 관점에서 보면 일본인의 생활양식은 아직 발전의 여지가 많이 남았다고 할 수 있다.

유대인들은 자세한 기록을 남겨놓기라도 하듯이 여행한 나라의 풍습과 습관을 비디오와 슬라이드에 담아 보관한다. 그리고 가족들이 한자리에 모이는 날에는 찍은 비디오 영상을 틀어 놓고 낯선 나라의 풍습을 가족에게 소개하는 시간을 즐긴다. 일본에

와본 적이 없는 유대 상인의 자녀가 일본인 뺨치게 일본에 대해 잘 아는 경우가 종종 있는데, 그것은 부모가 반복적으로 틀어준 영상을 보면서 자랐기 때문일 것이다.

"적을 알고 나를 알면 100전 100승이다."

이는 손자병법에 나오는 말이다. 유대인은 손자병법마저도 일찌감치 깨치고 있었던 것이다.

사족이지만 나는 오랜 역사를 자랑하는 중국에도 유대인의 5000년 공리公理 못지않은 중국인의 공리가 있다고 생각한다.

하지만 아쉽게도 중국인의 공리는 한자로 되어 있다. 만약에 한문이 아닌 영어로 되어 있었다면 중국인의 공리는 세상 사람들에게 더 많이 활용되었을 것이다. 중국인이 한자로만 공리를 기록한 것은 중국인 공리의 치명적인 결함이다. 영어를 해야 한다고 목청 높여 주장하는 이유가 바로 여기에 있다. 공자와 맹자가 영어를 할 줄 알았다면, 클레오파트라의 코가 2밀리미터 더 낮았을 때보다 더 세계의 역사는 달라졌을 것이다.

건강을 위해
반드시 쉬라

몸에 좋은 음식을 충분히 섭취하면 건강해진다. 유대 상인의
최대 자산은 바로 이 건강이다. 무려 2000년 동안 박해를 받으면
서도 유대인의 혈통이 지속될 수 있었던 것도 유대 민족이 얼마나
'건강'을 중요시했는지를 방증한다.

이에 반해 일본인 직장인은 제대로 된 식사도 못 하면서 연일
야근에 시달린다. 점심은 간단하게 메밀국수로 때우고, 1주일 내
내 몸이 닳도록 일하다가 쉬는 날이 생기면 가족들 성화에 못 이
겨 꽉 막힌 도로를 뚫고 드라이브에 나가야만 한다. 이런 일본인
의 가여운 신세를 뭐라고 위로를 해야 할지 모르겠다. 그러면서
도 일본인 핏줄이 이어지고 있는 것은 예수의 부활만큼이나 기적
적인 일이다.

유대인은 금요일 밤부터 토요일 저녁까지 금주·금연·금욕 등 모든 욕망을 끊고 휴식에만 전념하며 신에게 기도를 드린다. 이 날은 뉴욕의 교통량이 절반으로 준다는 말이 있을 정도로 유대인 은 안식일을 엄격하게 지킨다.

24시간의 충분한 휴식이 끝난 토요일 밤부터 유대인의 주말이 시작된다. 푹 쉬어줬으니 이제는 여유로운 주말을 즐기는 것이다.

쉬지 않고 일만 하다 보면 건강을 잃고 자신이 원하는 삶을 살 지 못한다. 결국엔 인생의 목적인 쾌락을 누릴 수 없다는 사실을 유대인은 오랜 역사를 통해 알았다.

일이 끝나면 반드시 쉬어야 한다는 것을 잊지 말자.

모유 수유는 자연의 섭리다

유대 여성은 차치하더라도 비非유대인 여성은 유대인과의 결혼을 꺼리는 경향이 있다. 유대인 중에서도 특히 엘리트일수록 자녀가 귀한데, 비유대인 여성이 적극적으로 유대인과 결혼하게 된다면 유대 민족의 고민도 줄어들 것이다.

비유대인 여성이 유대인과 결혼하고 싶어 하지 않는 원인에는 차별을 피해서 온 민족이라는 이미지도 한몫하겠지만, 다른 이유는 아이를 분유로 키우는 것을 허용하지 않기 때문이다.

'인간의 아이는 모유를 먹어야 한다.'

이것이 유대인의 생각이다.

"모유 수유는 자연의 섭리다. 인류는 수천 년 동안 이를 당연하게 여겨왔다. 인간의 아이를 동물의 젖으로 키우는 건 잘못된 일이다."

그래서 유대인은 이렇게 주장한다.

만약에 모유 수유를 포기한다면 그 유대인은 당장 유대교회에서 추방되고 만다. 유대교는 자연의 섭리에 반하는 일을 절대로 용서하지 않기 때문이다.

100점 만점에서
60점이면 합격

유대인 간의 거래에서도 가끔 시비가 벌어진다. 그럴 때면 양측은 유대교 랍비에게 찾아가 중재를 요청한다. 이는 과거에 분쟁을 해결하고 싶어도 유대인은 기독교도의 법원을 이용할 수 없었기 때문에 궁여지책으로 생겨난 삶의 지혜다. 이는 오늘날까지도 그대로 이어지고 있다.

랍비의 판정은 신의 뜻이므로 절대복종이 요구되며 랍비의 판정에 따르지 않는 자는 유대 사회에서 추방되었다.

유대인이라고 하면 피도 눈물도 없이 비정한 셰익스피어의《베니스의 상인》을 떠올리는 사람도 있다. 하지만 《베니스의 상인》은 유대인을 핍박할 목적으로 쓰인 어리석기 짝이 없는 연극에 불과하다.

유대 상인은 피도 있고 눈물도 있다. 돈 앞에서는 부인마저도 신용하지 않는 유대 상인이지만 유대교의 율법만큼은 절대적으로 복종하는 뜨거운 피가 흐르는 인간이다.

'인간이 할 수 있는 것'의 한계

유대인에게 절대적 존재인 랍비도 때로는 실수한다.

뉴욕에서 대규모 밀수단이 검거되었을 때 치약 튜브에 보석을 넣어 밀수를 시도한 랍비가 용의자로 지목되었다.

일본에서 스님이 이런 범죄를 저질렀다면 모든 신도가 들고일어나 절에 불을 질렀을지도 모른다. 그런데 뜻밖에도 유대인들은 담담하게 말했다.

"랍비도 인간이다. 잘못을 저지를 수도 있다."

유대인에 따르면 랍비도 일개 인간이고, 인간인 까닭에 합격점은 60점이라는 것이다.

일본 대학에서 학점은 80점 이상이 '우優', 70에서 79점까지가 '양良', 60점에서 69점까지는 '가可', 59점 이하는 '불가不可'이다. 과락을 피하려면 최소 60점 이상은 받아야 한다.

이와 비슷하게 유대인이 합격점을 60점으로 보는 데는 이유가 있다.

앞서 유대인의 세계관은 '78 대 22, 플러스마이너스 1'로 되어 있다고 했다. 이 '78'의 78%는 '60(78×78%=60.84)'이라는 계산이 나온다.

신이나 기계에는 100점을 요구하는 유대인도 인간에게는 60점만을 요구하는 것이다.

유대교도가
돼라

세상에는 유대인이 신봉하는 유대교를 폄훼하는 사람도 있지만, 나는 유대교가 훌륭한 종교라고 생각한다. 일부 사람들의 말처럼 유대교가 사이비 종교였다면 5000년이란 세월 동안 존속할 수는 없었을 것이다.

유대교를 믿는 유대인은 돈을 아주 잘 번다. 그래서 나는 전 세계 사람들이 유대교 신자가 되면 좋겠다고 생각한다. 그렇게 된다면 전쟁도 사라지고 모두가 부자가 되어 지상낙원이 펼쳐질 것 아닌가.

어쩌면 수백 년 후에는 지구상에 존재하는 모든 사람이 유대교 신자가 되어 있을지도 모른다. 이대로 가면 우수한 유대 민족에게 세계가 정복당하는 것도 시간문제이기 때문이다.

일본에도 장사의 신과 돈의 신이 있는데, 아무리 생각해도 유대교 신이 훨씬 더 실속 있어 보인다.

세대를 이어가는 보석, 다이아몬드

나는 원래 핸드백 등 액세서리 품목으로 첫 장사를 시작했다. 하지만 일을 계속하다 보니 보석을 취급해 보고 싶다는 생각이 들었다. 보석하면 뭐니 뭐니해도 다이아몬드다.

나는 세계적인 다이아몬드 상인 하이먼 메소버 씨에게 거래를 타진했다. 그는 일본인인 나에게 까다로운 조건을 제시했다.

"다이아몬드 사업을 하려면 적어도 백 년을 보고 계획해야 합니다. 그러니 당신 세대에서는 성공할 수 없어요. 게다가 다이아몬드를 취급하는 사람은 전 세계 사람들에게 존경받을 만한 인물이어야 합니다. 다이아몬드 사업은 신뢰가 바탕이 되어야 하니까요. 그러려면 모든 지식을 섭렵할 필요가 있어요. 미스터 후지다, 오스트리아 부근에서는 어떤 심해어가 서식하는지 아시나요?"

그는 나에게 이런 요구를 했다.

그 후, 나는 염원하던 다이아몬드 사업을 시작하게 되었고, 거래처가 된 유대인 다이아몬드 상인은 나에게 끊임없이 자신과 견줄 만한 지식을 갖추도록 독려했다. 그는 인품과 교양이 부족한 사람과는 절대로 거래하지 않겠다고 강조했다.

장사는 이념을
초월한다

세계에 뿔뿔이 흩어져 있는 유대인들은 긴밀하게 연결되어 있다. 유대인들만의 특성 중 하나가 미국계 유대인이나 소련(현 러시아)계 유대인도 서로를 동포로 여긴다는 것이다. 그들의 민족주의는 런던과 워싱턴, 그리고 모스크바도 모두 연결되어 있다.

미국의 '해리 윈스턴'이라는 다이아몬드 세공업체도 전 세계 유대인과 연계하여 사업을 전개하고 있다.

스위스계 유대인은 중립국이라는 강점을 최대한 활용해 소련의 유대인이나 미국의 유대인과도 관계를 맺는다. 그로 인해 스위스의 유대인이 가교역할을 하면 소련인과 미국인은 무역을 자유롭게 할 수 있다.

유대인의 세계에는 자본주의나 공산주의가 없다.

"예수도 마르크스도 사람을 죽이라고는 하지 않았습니다. 다만 어떻게 하면 인간이 행복할 수 있는지에 약간의 견해차가 있었을 뿐이지요. 둘 다 유대인이었으니까 사람을 죽이라는 얼토당토않은 말을 하지 않은 겁니다."

이렇다 보니 소련의 유대인과 미국의 유대인이 스위스의 유대인을 중간 상인으로 내세워 장사하는 것은 너무나도 당연한 일이 되었다.

"소련 사람들과 거래하는 게 왜 잘못인가요?"

세계를 상대로 장사하는 유대인에게 상대방의 국적은 문제 되지 않는다. 유대인이 유대인 이외의 사람과 거래할 때 독일인이라거나 프랑스인 등으로 구분하지 않고 모두 '이방인'이라고 통칭한다. 유대인에게 국적이란 손톱만큼도 중요한 사안이 아니기 때문이다.

돈벌이만 된다면 상대방의 국적은 신경 쓸 필요가 없다.

수명을
계산하라

유대인이 장사할 때 국적을 따지지 않는다고 하면, 악착같이 돈에 집착하는 유대 상인을 연상할 것이다.

유대 상술에서는 합법적이고, 상대의 눈에서 피눈물이 나게 하거나 괴롭힐 목적이 아니라면 악착같이 돈을 버는 행위가 비난받아서는 안 되는 정당한 상商행위로 본다.

그래서 매점매석買占賣惜 후 가격을 크게 올려 돈을 버는 방식도 훌륭한 상술로 본다. 헐값에 사들이는 것이 잘못된 게 아니라 헐값에 팔아치운 장사 방식을 비난해야 한다는 것이다.

법에 저촉되지 않고 유대교의 율법도 따랐다면 수단과 방법을 가리지 않고 돈을 벌어도 손가락질하지 않는다.

이처럼 돈벌이라면 물불 안 가리는 유대인이다 보니 그들은 자신의 수명까지도 계산하고 있다. 심지어는 자신의 수명뿐 아니라 상대방의 수명까지도 계산한다.

"당신은 50세인가요? 그렇다면 앞으로 10년 남았네요."

유대인은 아무렇지 않게 이런 말을 한다.

만약 우리가 이런 말을 들었다면 바로 얼굴색이 바뀌며 "재수 없게!"라면서 불같이 화를 냈을 것이다. 하지만 유대인들은 이런 말을 아무렇지 않게 생각한다. 유대인은 인간의 생명은 유한하다는 사실을 늘 염두에 두고 있기 때문이다.

한 세대에서 승부를 보려 하지 않는다

내가 시카고에서 만난 엄청난 부자 유대 노인은 저택을 소유하지 않고 아파트를 임대해서 살고 있었다. 나는 너무 어이가 없어서 물었다.

"당신처럼 돈이 많은 사람이 굳이 왜 임대 아파트에 사는 거죠? 얼마든지 집을 살 수 있잖아요"

"집을 사면 뭐하겠소. 몇 년 후엔 죽을 텐데…."

내 질문에 노인은 태연하게 말했다.

일본에서는 자신의 수명을 "앞으로 몇 년?"이라고 냉정하게 계산하지 않는다. 그래서 말도 안 되는 감언이설로 사기를 치는 상술이 횡행하는 것이다. 자신의 수명조차 계산해 보지 않고 상대방을 꾀려고만 하는 일본인을 유대인이 신용하지 못하는 것도 무리는 아니다.

유대인은 은둔생활을 하지 않는다. 그런 유대인이 "나는 앞으로 5년 남았다."라고 말했다는 것은 5년 후에 은퇴하겠다는 뜻이 아니라 5년 후에 자신은 죽을 거라는 의미이다.

유대인이 자기 수명을 계산할 수 있는 것은 철저하게 '조상 대대'라는 관념을 바탕으로 살기 때문이다. 본인의 일을 40년 단위로 생각하고 그 안에서 승패를 가리려는 일본인의 시간개념은 너무 짧다.

유대인에게
속임수는 금물이다

어느 날 G라는 미국인 변호사로부터 전화가 걸려 왔다.

"상담하고 싶은 게 있습니다. 만나고 싶습니다."

약속을 잡기 위한 전화였다. 당시 몹시 바빴던 나는 시간을 내기가 힘들다며 정중하게 거절했다.

"어렵겠지만 만나주십시오."

"죄송하지만 시간이 없습니다."

"그렇다면 미스터 후지다, 시간당 200달러를 드리겠습니다. 그럼 만나주시겠습니까?"

G 변호사는 내 시간에 값을 매겼다. 1시간에 200달러를 받아봤자 별거 아니었지만 그렇게까지 부탁하는 걸 보니 여간 급한 일이 아닌 듯싶었다.

"좋습니다. 30분만 시간을 내도록 하겠습니다."

약속한 날짜가 되어 사무실로 찾아온 G 변호사의 상담 내용은 이랬다.

자신이 고문변호사로 일하는 미국회사가 일본의 상사와 제휴하게 되었다. 그런데 이 상사가 계약을 제대로 이행하는지 감시하는 Inspector(감찰관)가 필요하다며, 급여 1,000달러를 받고 일할 수 있는 적당한 사람을 소개해 달라는 것이었다.

G 변호사는 내게 유대인이 적어준 소개장을 보여 주며 말했다.

"당신이 괜찮다고 하는 사람이라면 믿겠습니다. 당신은 유대인의 친구니까요."

나는 일본 상사와 체결한 계약서를 보여 달라고 했다.

"계약서는 완벽합니다."

G 변호사는 그렇게 말하며 계약서를 보여 주었다. 쓱 훑어본 나는 무의식중에 피식 웃고 말았다. 미국인 눈에는 완벽해 보일지 모르지만 일본인의 눈으로 보면 구멍투성이인 사기성이 다분한 계약서였다.

"이런 계약서라면 Inspector가 필요할 것 같습니다."

나는 변호사에게 계약서에서 보충해야 할 부분을 지적해 주고 영어를 할 줄 아는 한 남자를 Inspector로 소개해 주었다. 그는 딱히 하는 일 없이 놀다시피 하면서 매달 1,000달러를 벌어갔다. 머리는 쓰기 나름이다.

다시 말하지만 유대인을 속이거나 등쳐먹는 짓은 절대로 해서는 안 된다. 그들의 힘을 인지하게 되었을 즈음에는 부메랑이 되어 자신에게 돌아와 처참한 대가를 치를 게 분명하기 때문이다.

시간의 사용법을
생각하라

내가 일본 맥도널드의 사장으로 임명된 지 얼마 안 되었을 때, 한 유대인이 찾아왔다. 나는 4개의 지점을 오픈하고 또 다른 지점을 준비하느라 한창 바쁜 시간을 보내고 있을 때였다.

"후지다 씨, 지금 한가하지요?"

그는 참으로 어이없는 소리를 했다.

"농담 마세요. 한가할 틈이 없습니다."

나는 발끈했다.

"아니, 후지다 씨, 당신은 분명 한가해 보여요."

"시간이 없단 말입니다."

"허허, 시간이 없다면서 어떻게 지금 햄버거 지점을 4개나 운영하면서 또 다른 지점을 준비할 수 있는 거죠? 결국 당신은 시간이 남기 때문에 할 수 있는 거 같은데 아닌가요?"

나는 찍소리조차 할 수 없었다. 듣고 보니 그의 말이 맞았다. 유대인은 웃으며 윙크를 보내더니 이렇게 말했다.

"미스터 후지다, 시간이 없는 사람은 돈을 벌 수가 없답니다. 장사꾼이 돈을 벌고 싶으면 우선 시간부터 만들어야 하지요."

전적으로 맞는 말이다.

긴자의
유대인 어록

★ ★ ★ Part 4 ★ ★ ★

유대인의 등골을
뽑아라

앞서 말한 대로 리히텐슈타인의 세금은 법인과 개인을 가리지 않고 1년에 250달러로 정해져 있다. 그래서 세계 곳곳의 유대인은 리히텐슈타인 국적을 매력적으로 느낀다. 나에게도 리히텐슈타인 국적은 충분히 매력으로 다가왔다. 국적을 사려면 7,000만엔이 들지만 일본의 터무니없는 누진과세를 감안하면 충분히 낼 만한 가치가 있는 것이었다.

"리히텐슈타인 국적을 취득할 방법이 정말 없을까요?"

나는 로엔슈타인 씨(앞에서 등장한 스와로브스키사의 제품 판매권 소유자)에게 상담했다.

"그럼, 리히텐슈타인에 있는 우리 본사에 가서 힐트라는 지배인과 한번 상담해 보세요."

로엔슈타인 씨는 힐트 지배인 앞으로 소개장을 써주었다. 나는 그것을 가지고 리히텐슈타인으로 날아가 만날 약속을 잡기 위해 전화를 걸었다. 그런데 상대방의 말을 전혀 알아들을 수가 없었다. 영어도 아니고 프랑스어나 독일어도 아니었다.

'에이, 어쩔 수 없군. 직접 몸으로 부딪칠 수밖에⋯.'

나는 택시를 잡아타고 로엔슈타인 씨가 알려준 주소로 향했다.

본사라는 곳에 도착한 나는 눈을 의심했다. 소아마비로 걷지 못하는 작은 체구의 남자가 혼자 자리를 지키고 있었다. 더듬더듬 물어보니 바로 그가 힐트 지배인이었다.

소통은 안 됐지만 서툰 영어를 섞어가며 나눈 대화를 대충 요약하면 "나는 수십 개 회사의 대표다, 로엔슈타인 회사의 사장은 나다⋯."라는 내용이었다.

그리고 그는 허세에 가득 찬 목소리로 말했다.

"나는 세금을 내지 않으려는 놈들이 세운 회사의 사장을 맡아주고 있다."

리히텐슈타인 국민의 부러운 특권

나는 고개가 끄덕여졌다. 리히텐슈타인 국민 중에는 힐트 씨처럼 명의상 사장으로 이름을 올려놓고 평생 놀고먹으며 사는 사람들이 있는 것이다. 힐트 씨 또한 그런 사람 중 한 명이었다.

"리히텐슈타인 국민이 되면 술과 여자는 물론 온갖 향락을 전부 누릴 수 있어요."

나는 힐트 씨의 말을 듣다 보니 점점 기분이 이상해졌다.

'이곳에 있는 자들은 유대인에게 뼈 빠지게 일을 시켜놓고 자신들은 유대인 돈으로 흥청망청 생활하고 있는 거구나. 어처구니가 없다. 유대인의 등골을 뽑아먹다니 정말 대단하구나!'

별거 아니었다. 이들은 사무실에 유대인들의 수십 개 회사를 모아 놓고 그들에게서 받은 돈으로 살아가고 있었다.

그때 힐트 씨가 눈 하나 꿈쩍하지 않고 사무실 책상 앞에서 거만한 자세로 말했다.

"내 눈에 흙이 들어가도 당신이 리히텐슈타인 국적을 취득하는 꼴은 못 보겠어."

나는 그런 연유로 아직까지 리히텐슈타인 국민이 되지 못하고 있다. 유대인을 등쳐먹는 자를 눈앞에서 마주해 보고선 '이렇게 사는 방식도 있구나.'라고 생각했던 기억이 새롭다.

한때 나는 유대인은 무조건 항복해야 할 대적할 수 없는 상대라 생각했는데, 뛰는 놈 위에 나는 놈도 있었던 것이다.

가난한 자는
어리석고 무능하다

나는 일본인처럼 근면 성실하게 노력하는 사람이 왜 가난한지 늘 궁금했다.

내가 이런 불만을 얘기하면 "정치인이 썩어서 그래. 리더 탓이야."라고 말하는 사람이 있다.

일본 정치인의 문제는 개선의 여지가 없다. 후진국은 어쩔 수 없이 정치인들 수준이 낮을 수밖에 없는가 보다.

그렇지만 머리만 잘 쓴다면 돈을 벌 수 있는 방법은 얼마든지 차고 넘친다. 돈벌이가 사방에 널려 있다.

그런데도 가난한 것은 어리석고 무능하고 구제 불능이기 때문이다.

법의 허점을 이용하라

나는 예전에 가공 무역품의 수출 실적을 매집하여 원료의 수입 할당을 많이 받는 방식으로 돈을 번 적이 있다.

이는 내가 "수출 실적에 따라 수입량을 할당한다."라는 법을 이용했기 때문이다. 다행히 당시 법은 나처럼 수출 실적을 매집하는 자가 있을 줄 몰랐기에 수출 실적 거래를 금지하지 않았다. 나는 이렇게 법의 허점을 이용해 돈을 벌었다.

법은 어차피 인간이 만든 것이다. 유대 식으로 말하면 60점 턱거리로 간당간당 합격한 불완전한 법들이 대다수이다. 그 점에 주목해야 한다.

법의 허점과 법의 사각지대에는 현금이 넘쳐난다는 것을 잊지 말자.

유대인의 페이스에 말리지 마라

유대인은 언제나 오랜 역사를 자랑한다. 아마노이와토天岩戸(일본 신화에 나오는 동굴) 앞에서 아메노우즈메노미코토天鈿女命(새벽의 여신)가 옷을 벗고 있을 때, 유대인은 이미 세상에서 활개 치고 있었다는 것을 우쭐대고 싶은가 보다. 유대인 말대로 그들이 계약이라는 상행위를 하고 있을 때 일본에서는 물물교환이라는 원시적인 상행위조차 제대로 이루어졌는지 의심스럽다.

그렇지만 나는 유대인들이 하라는 대로 휘둘리지 않는다. 눈치 보지 않고 이렇게 되받아친다.

　"나는 2000년 동안 돌아갈 땅을 가지고 있지."

　이 말에 유대인은 속상한 표정을 지으며 답한다.

　"그 점은 우리도 부럽게 생각해."

　나는 오래된 유대 역사에 경의를 표하면서도 유대인의 페이스에는 말려들지 않으려고 노력한다.

눈도장 문화는
없애라

나는 여전히 액세서리 수입을 병행하며, 백화점에 최고급 핸드백을 납품하고 있다. 백화점과 거래를 하다 보니 당연히 백화점에 가게 될 일이 많다.

백화점에 도착하면 매장으로 가서 업무 미팅만 하고 볼일이 끝나면 곧장 돌아와 버린다.

그런데 일본에서는 내가 매장 담당자들과 업무 미팅을 마치고 그냥 돌아가는 것이 예의가 아니라고 한다.

"저기 후지다 씨, 오늘은 후지다 씨가 오신다 해서 저희 부장님이 기다리고 계십니다. 잠시만 시간을 내주시지 않겠습니까?"

매장 직원은 나를 보면 꼭 이렇게 말했다.

"내 용건은 이미 끝났는데, 부장님께서 특별히 하고 싶으신 말씀이 있는 거면 이쪽으로 오시면 될 거 아닌가?"

"아니에요, 특별한 용건이 있는 게 아닙니다. 다음번에 들여올 물건에 대해 논의도 할 겸 해서 인사라도 나누는 게 어떠실지…."

"그 말은 일이 아직 없는데 일에 관한 이야기를 미리 해야 한다는 건가?"

"아니, 그런 것은 아닙니다만, 후지다 씨가 매장까지 나오셨는데 부장님 얼굴도 뵙지 않고 가시면 서운해하실 거 같아서요. 그러니 눈도장이라도…."

이런 말들이 오가게 된다.

나는 이런 상황이 정말 마음에 들지 않는다. 도대체 왜 눈도장을 찍어야 할까? 그저 쓸데없는 시간 낭비일 뿐이다. 이런 일들은 없애야 한다.

만일 내가 매장 직원의 권유대로 부장을 만나 다음번에는 이런 핸드백을 납품하고 싶으니 잘 부탁한다고 말했다면, 부장은 "네, 알겠습니다."라고만 했을 리가 없다.

"그래요? 그럼, 담당자 아무개를 부를 테니 자세한 조건을 이야기해 보시지요."

이렇게 전개되지도 않을 것이다. 일단 나는 부장 앞에서 모든 것을 설명하고 나서, 매장 담당자를 불러 같은 이야기를 또 한 번 해야 했을 것이다. 매장에서 한 번, 부장에게 한 번, 부장 앞에서 매장 담당자와 또 한 번…. 경찰 앞에서 진술하는 피의자처럼 같은 이야기를 세 번씩이나 반복해야만 한다.

이렇게 불필요한 허례허식이 만연하기 때문에 일본 상술에는 돈벌이에 방해되는 낭비가 많은 것이다.

직책이 높을수록
일해라

내 솔직한 의견을 말하라면 백화점을 예로 들어 보겠다. 직원은 매장에서 바삐 움직이며 제품을 정리하고 파는데, 부장은 자기 방에 한가히 앉아 콧구멍이나 후비면서 골프 잡지를 읽고 있는 현실이 참으로 못마땅하다.

부장은 월급도 많이 받고 경험도 풍부하며 판단력도 빠르다. 그런 사람이 일은 안 하고 농땡이만 치는 건 기업에 큰 손실이다. 월급도 적고 경험도 부족하며 판단력도 없는 햇병아리 신입사원이 우왕좌왕하는 건 어쩔 수 없다. 하지만 직급이 높은 사람은 일하느라 감기에 걸릴 시간도 없어야 한다. 일이 없는 햇병아리들은 그동안 골프라도 치고 있으면 된다.

회의주의는 무기력의 근간

유대인을 알고 지내면서 내가 그들에게 최초로 지적받은 결점은 '회의주의'라는 것이다.

"우리는 당신에게 유대의 공리를 알려주고 있는 겁니다. 4000년 이상 통용된 입증이 필요 없는 공리를 전수해 주는 것입니다. 순수하게 그냥 받아들이는 게 좋습니다. 다른 사람을 의심하고 자신을 믿는 태도도 좋지만, 남의 말을 모조리 의심하려 드는 건 행동의 에너지를 낭비할 뿐입니다. 회의주의는 결국 무기력으로 이어지고 결국 돈을 벌 수 없게 만듭니다!"

유대인에게서 자주 이런 말을 듣는다.

일본인은 계약을 맺은 후에도 의심의 눈초리를 거두지 않지만 유대인은 계약이 체결되면 상대방을 전적으로 신뢰한다. 그러나 계약이 파기되거나 신뢰에 금이 생기면 믿은 만큼 철저하게 손해배상을 청구한다. 절대로 좋게 넘어가지 않는다.

그런데 나의 이런 성격은 쉽게 고쳐지지 않다 보니 꽤 손해를 보기도 했다.

이탈리아에 구두를 구매하러 갔을 때 회의적인 시각으로 제품에 대한 이런저런 개선을 요구했다가 이탈리아 장인에게 혼이 난 적이 있다.

"일본인이 구두를 신기 시작한 게 기껏해야 백 년밖에 안 되지

202

않는가. 우리는 2000년이나 구두를 만들어 왔단 말일세. 시시콜콜하게 간섭할 거면 그냥 집어치워!"

그 말에 나는 찍소리도 하지 못했다.

유대인은 계약을 위반하면 인정사정없이 위약금을 받아 낸다. 우리도 입은 무겁게 닫고 돈만 벌어야 한다. 침묵은 금이라는 말을 명심하자.

일본인은
통이 작아서 안 된다

나의 모교인 기타노 중학교(현 오사카 부립 기타노 고교)가 10년 전 개교 90주년 기념식을 맞이했을 때의 일이다. 당시 도쿄에서 참석하기로 한 사람은 아사히맥주 사장이었던 고 야마모토 다메사부로山本爲三郎, 모리시게 히사야森繁久彌, 그리고 나 이렇게 세 사람이었다. 그런데 야마모토 씨와 모리시게 씨가 다른 일정으로 참석하지 못하고 나만 도쿄 대표로 이사회에 가게 되었다.

의제는 90주년 기념사업에 관한 안건이었다. 원안은 도서관 설립이었고 만장일치로 가결되었다. 하지만 나는 맹렬하게 반대했다.

"이사님들 제정신입니까? 도서관 건립은 메이지 정부가 문맹퇴치를 목적으로 시작한 정책입니다. 그런데 지금 같은 시대에 도서관을 세우다니요. 시대착오적인 발상입니다. 도서관 따위를 만드니까 일본인 중에는 근시가 많은 거예요. 도서관을 만들어서 좋아할 사람은 도서관 건설을 하청받을 선배 K뿐이지요. 도서관 따위는 그만두고 운전연습장을 만들어서 학교에 기부합시다."

이렇게 이의를 제기했고 새롭게 상정된 안건을 표결에 부쳤으나 무려 70 대 1로 부결되었다. 어쩔 수 없었다. 그래서 제2안으로 도서관 대신 볼링장을 건설하자고 제시하며 한발 물러섰다.

"볼링장을 만들어 학교에 기부하면 어떨까요. 나이를 먹고도 할 수 있는 건전한 스포츠 중에는 볼링이 최고인 것 같습니다. 저도 1,000만 엔을 현금으로 기부하겠습니다."

그런데 이 또한 70 대 1로 부결되었다. 나는 화가 난 상태로 돌아왔다. 선견지명도 없는 자들만 모교에 우글우글 모아 놓으니 답답하기 짝이 없다고 투덜거렸다.

새로운 계획─세계 일주 수학여행

이렇게 저렇게 10년이란 시간이 흘러 이번에는 100주년 기념을 맞이하게 되었다. 이번에도 기념사업을 위해 이사회를 개최한다고 했다. 누구의 입에서 나온 말인지는 모르지만 "10년 전 도쿄에서 온 그 정신 나간 사람도 불러 달라."라고 해서 나는 비행기를 타고 오사카로 날아가 담당 이사를 만났다. 그는 이렇게 말했다.

"후지다 씨의 말씀대로 10년 전에 운전연습장을 만들지 못했던

것을 후회하고 있습니다. 이번에는 당신의 의견대로 운전연습장
을 만들 터이니 기부를 해주시면 감사하겠습니다.”

나는 이사의 얼굴을 빤히 쳐다봤다.

“당신은 그게 말이 된다고 생각하십니까. 한심하기 짝이 없군
요. 세상은 늘 앞을 내다보고 나가야 합니다. 뒤로 돌아가서는 안
돼요. 운전연습장이라고요? 자동차가 이렇게나 많아져 힘들어진
세상에서 연습장을 짓자고요? 절대 안 됩니다.”

“그렇다면 뭐가 좋을까요?”

“음, 100년이라는 한 세기를 기념하는 뜻깊은 해입니다. 그 무
게에 걸맞은 사업이라면 전교생에게 세계 일주를 보내주는 정도

는 돼야겠죠. 1,200명의 전교생을 7~8월 두 달 동안 세계 여행을
시켜주는 겁니다. 여객선은 제가 협상해 보겠습니다. OB가 2만
명이나 되니 인당 1만 5,000엔씩 걷으면 3억 엔을 모을 수 있겠네
요. 그 금액이면 전교생 세계 일주도 충분히 가능합니다. 1,200명
의 고교생이 세계를 보고 온다면 큰 자산이 될 겁니다. 서른 넘어
서 해외에 가면 늦습니다. 젊을 때 가봐야지요.”

이사는 입을 떡 벌리며 듣고 있었지만, 실행할 수 있는 이 계획
을 실행할 의지가 털끝만큼도 없어 보였다.

일본인은 전반적으로 통이 작아서 문제다. 유대인이었다면 분
명히 내 원대한 계획을 두 팔 벌려 환호했을 것이다.

도쿄대 출신은
고위공직자가 되지 마라

 미안하지만 나는 일본처럼 말도 안 되는 자본주의 국가는 없다고 생각한다. 국립대와 사립대를 비교하면 국립대가 사립대보다 훨씬 학비가 싸다. 요즘은 유치원비도 매달 4,000엔은 우습게 들어가는데, 유치원 수업료보다 싼 1만 2,000엔이 1년 학비라니 실소를 금할 수가 없다. 이게 가능한 이유는 국립대는 학생 등록금에 의존하지 않고 세금으로 운영하기 때문이다.

 한편, 모두가 알다시피 국가공무원이라고 부르는 고위공직자의 대부분은 도쿄대 출신으로 채워진다. 국민의 세금으로 공부한 도쿄대생은 졸업하고 나서는 고급 공무원이 되어 평생을 세금으로 먹고산다.

 자본주의사회에서 이런 말도 안 되는 일이 자행되고 있다. 적

어도 평생 국민 세금으로 먹고산다는 것을 매우 수치스럽게 여기거나 기생충과 같은 행위라고 자각할 수 있어야 한다. 하지만 한 치의 부끄러움도 느끼지 못하는 모습에서 도쿄대생들의 뻔뻔함을 엿볼 수 있다.

결함교육의 희생자들이여

신기하게도 일본에는 도쿄대를 졸업한 남성과 결혼을 꿈꾸는 여성이 많다. 솔직히 말해서 도쿄대 졸업생들 중에는 머릿속이 시커먼 욕망덩어리로 가득 차 있는 이들이 많은 것 같다.

나 자신도 도쿄대 출신이면서 이렇게 말하는 이유는 내가 도쿄대생의 결함을 가장 잘 알고 있기 때문이다.

도쿄대 출신은 일본 교육 시스템의 특성과 영향을 고스란히 겪은 사람들이다.

나는 도쿄대를 졸업한 신랑을 만나고 싶다고 말하는 여성을 만날 때마다 이런 충고를 해주고 있다.

"그것은 아주 어리석은 생각입니다. 도쿄대를 나온 사람은 당신을 결코 행복하게 해주지 못할 가능성이 큽니다. 또한, 그 사람과 함께라면 지루하고 재미없는 일상이 계속될 수도 있습니다. 더 이상 깊은 이야기는 하지 않겠지만, 저는 그런 선택을 적극적으로 말리고 싶습니다."

일본에서 도쿄대가 사라지면 일본도 일본인도 더 발전할 것임이 틀림없다.

굳이 도쿄대 출신 총리대신의 사례를 예로 들먹이지 않아도 알 것이다.

병가는 무책임의
또 다른 얼굴

'병'은 정신력에 좌우된다. 우리 회사에서도 감기에 걸려 내일 병가를 내고 싶다고 말하는 직원들이 있다.

"그래 쉬게나. 다만, 자네가 내일 죽는다면 몸이 아팠다는 사실을 내가 믿어주도록 하지. 하루 쉬고 다음 날 아무렇지 않게 나온다면, 그건 자네가 아팠던 게 아니라 정신 상태가 풀렸다는 증거니까 말일세."

재미있는 건 내가 이렇게 말하면 그 사원은 절대로 휴가를 내지 않는다. 쉬지 않고도 병은 제법 잘 낫는다. 하루 이틀 쉬는 정도의 병가는 농땡이 그 이상도 이하도 아니다.

쉬고 싶으면 당당하게 휴식을 위한 휴가를 냈으면 한다. 무엇보다 후지다 상점 창립 이래 나는 단 한 번도 쉰 적이 없다.

공부하지 않는 자, 돈을 반납하라

영화계가 사양산업의 길로 접어들고 있다. 하지만 나는 한 달에 한 번은 꼭 전 직원을 영화관에 보낸다. 물론 영화 티켓은 회삿돈으로 구입한다. 다만, 영양가 없는 영화는 못 보게 한다. 전 세계 유행의 첨단을 달리는 영화만을 본다. 그리고 요즘 사람들의 심리상태를 살펴보게 한다. 어째서 이런 영화가 만들어졌는지를 생각하게 하는 것이다.

영화감상도 중요한 공부가 된다. 그래서 어지간히 급한 사정이 아니면 영화감상 모임은 반드시 참석하도록 권고하고 있다. 빠지는 자들에게는 영화 티켓값을 날렸으니 그 금액만큼 '변상'하도록 한다.

사장이라면 공부하지 않는 직원에게는 가차 없이 급여 반납을 요구할 필요가 있다.

여성의 강점을
최대한 활용하라

우리 회사 직원의 절반은 여직원이다. 나는 여직원이라고 해서 절대로 차 심부름만 시키지 않는다. 여직원도 남자 직원과 똑같이 상품 구매를 위해 해외로 출장을 보낸다. 고참은 물론이고 갓 입사한 신참 여직원도 해외로 출장을 가는 경우가 많다.

여자들은 대체로 '해외'라면 죽고 못 사는지 해외 출장을 다녀오라고 하면 기뻐서 어쩔 줄 몰라 하며 눈썹을 휘날리며 날아간다. 상대측인 유대인도 일본 여성이 간다고 하면 좋아하며 더 친절하게 대해 준다.

"적敵들이 좋아서 혼이 나가 있는 틈을 노려 가격을 확 깎아버리라고!"

나는 이렇게 말하면서 여직원들을 배웅한다. 국내에서는 세일을 하지 않으니, 싸게 살 수 있다면 그만큼 많은 이익을 남길 수 있다는 생각이다.

여성 '바이어'는 남성과 비교했을 때 몇 가지 장점이 있다.

우선 술을 잘 마시지 않는다. 물론 예외도 있긴 하지만 술이 떡이 돼 눈살을 찌푸리게 하는 여성은 드물기에 술자리에서의 실수를 걱정하지 않아도 된다.

두 번째 장점은 즐길 거리를 찾지 않는다. 남자 직원은 해외에 나가면 상품 구매는 뒷전으로 미루고 즐길 거리를 찾아 일에 소홀해지기 쉽다. 하지만 여성 직원은 해외에 나가도 유흥 거리를 찾아 눈빛이 변하는 일은 거의 없다.

세 번째는 일에 충실하다. 해외에 보내준 사장에게 충성을 다하므로 절대로 배신하지 않는다.

유대 상술에서는 여성을 최대의 고객이자 최대의 파트너로 여긴다. 최대한 활용해야 한다.

주 5일 일한다고
수익을 못 내는 장사는 때려치워라

유대인은 주 5일제로 근무한다. 주 5일 일하면서도 실적을 충분히 낸다.

거래처가 주5일제이다 보니 우리 회사도 주5일제를 도입한 지 한참 되었다.

'상대가 주 5일 일하면 나는 6일을 꽉 채워 일해야지.'라고 생각하는 것은 잘못된 판단이다.

5일제는 5일제로 경쟁해야 한다.

'남들은 5일제라고 해도 우리는 6일제를 해야지.'

이런 자세로는 해외 시장에서 경쟁할 수 없다. 만약 5일 일하면서 월급을 줄 만큼의 수익을 낼 수 없다면, 그런 사업은 당장 접는 것이 낫다.

골프는 평정심을 키우는 최고의 훈련

골프를 하는 사람이라면 알겠지만, 공을 드라이버의 중심점에 맞춰 일직선으로 쭉 멀리 날리는 것만큼 짜릿한 쾌감은 없다.

미국의 재계에서도 골프의 효용을 충분히 인지하고 있다. 골프를 치는 사람은 감정을 과도하게 드러내지 않는다는 믿음이 있기 때문이다.

사장이라는 자리는 놀라울 만큼이나 신경을 많이 써야 하는 다른 직업과 비교해도 정신적 소모가 커서, 스트레스로 인해 건강에 이상이 생길 확률도 상당히 높다. 그런데 만약 골프를 치는 것만으로 이런 스트레스를 해소할 수 있다면, 명의를 찾아다니는 것보다 차라리 골프를 치는 편이 훨씬 나은 선택일 것이다. 이 말은 곧, 골프용품이 아무리 비싸도 잘 팔릴 수밖에 없는 이유를 설명해 준다.

나는 이 점에 착안하여 일본 최초로 맥그리거 골프채를 수입하기로 했다. 맥그리거 골프채는 브런즈윅이라는 유대인 회사에서 취급하는 제품이었다.

대기업은
머저리

M 상사가 다 된 사업에 숟가락을 슬쩍 얹었다. 결국 M 상사가 맥그리거 에이전트 자격을 빼앗아 가 버렸고 M 상사가 수입한 것을 내가 도매로 받는 방식으로 이야기가 정리되었다.

첫해에 나는 20만 달러를 구매했다. 그러자 브런즈윅은 다음 해에는 40만 달러 물량을 구매할 것을 요구했다. 나는 그대로 따랐다. 그런데 해가 바뀌자 이번에는 80만 달러 물량을 사라고 했다. 나는 OK를 하면서도 다음번은 100만 달러 물량만 사겠다고 미리 언질을 주었다. 내가 직접 에이전트 자격을 얻었다면 더 팔 수 있었겠지만 M 상사가 에이전트이다 보니 큰 재미를 볼 수 없었다. 80만 달러 다음에는 160만 달러 물량을 사가라고 할 게 뻔했다.

나는 M 상사의 시카고지점장을 찾아가 에이전트를 넘겨 달라고 요구했지만 단번에 거절당했다.

이듬해 브런즈윅은 맥그리거를 160만 달러 물량만큼 구매할 것을 요구했다. M 상사는 내가 100만 달러로 선을 그은 것을 알고 있으니 160만 달러는 무리라고 답변했다.

"오케이. 그렇다면 M 상사와 후지다 상점 연합군은 더 이상 필요 없습니다. 이제 끝입니다."

브런즈윅은 그동안 맥그리거를 일본에서 판매한 공적 따위는 철저히 무시한 채 우리와의 거래를 중단했다. 그리고 브런즈윅 직영점을 일본에 세워 직접판매에 나섰다.

나는 M 상사가 바보 같아서 브런즈윅과의 거래가 중단되었다고 생각한다. 나 혼자 했다면 잘 해낼 자신이 있었다.

그 후 맥그리거의 매니저가 PGA로 이직하게 된 것을 계기로 나는 PGA를 담당하게 되었고, 내 골프 연습 대신에 스기모토 히데요杉本英世를 일본 최고의 골퍼로 키웠다. 스기모토 히데요는 사실상 후지다 상점의 사원이 된 것이다.

그런데 나는 맥그리거 사건 덕분에 대기업의 생리에 대해 알게 되었다. 대기업은 자신의 힘을 과대평가하고 상대방을 과소평가한다. 바로 이런 부분에서 모자람이 드러난다.

돈이 있다고
위세 떨지 마라

일본이 GNP(지금은 GDP) 세계 2위를 기록했다며 위세 등등한데 원래 일본은 못 사는 나라다. 석유가 나오는 것도 아니고 하루아침에 물거품이 될 수도 있다는 사실을 망각해서는 안 된다.

게다가 일본은 외국과 달리 가정이 화목하지 않은 것도 일본이란 나라가 부유하지 않기 때문이다. 그럼에도 불구하고 돈이 조금만 있어도 바로 위세를 부린다. 술집에 가서 '사장님' 소리라도 들으면 바로 우쭐댄다.

긴자에 있는 다코야키 가게에서는 손님을 '사장님'이라고 부른다. 그렇게 불러줘야 손님들이 좋아하며 지갑을 쉽게 열기 때문이란다. 이처럼 자칭 '사장'이라는 자들이 치이도록 많다. 사장이라는 말에 위세를 부리거나 돈이 있다고 허세를 떨다 보면, 유대인이 이를 호시탐탐 넘보다가 있는 돈마저 죄다 쓸어 가 버리고 말 것이다. 나는 앞으로도 유대인과 치열한 신경전을 벌이면서 어떻게든 일본으로 돈을 가져올 생각이다.

정치가를 이용하라

유대인 로스차일드 가문의 시조始祖 메이어 암셀 로스차일드는 유럽의 동란 시대에 손꼽히는 금융 자본가로 위상을 떨쳤다.

그는 나폴레옹 시대에 프랑스군의 최고사령관을 돈으로 매수하는 동시에 영국의 웰링턴 장군에게는 비싼 금리로 군자금을 빌려주었다.

그 후로 로스차일드 가문은 나폴레옹, 메테르니히, 비스마르크 등과 같은 유럽 전쟁 영웅들을 이용하거나 때로는 그들에게 이용당하면서 시의적절하게 고비를 넘기며 번영해 왔다.

돈 앞에
이념이란 없다

1967년 총선거에서 나는 도쿄 4구(당시)에 출마한 마쓰모토 젠메이松本善明 후보를 지지했다. 모두가 알다시피 마쓰모토 후보는 공산당의 유망주였다. 이 선거에서 마쓰모토 후보는 압승을 거두며 18년 만에 도쿄도 중의원 의석을 차지했다.

내가 마쓰모토 후보를 지지했다고 해서 마이크를 들고 동네 곳곳을 누비고 다닌 것은 아니다. 나는 장사꾼답게 일정 금액의 후원금을 지원했다.

나와 마쓰모토 후보는 중학교 때부터 대학교까지 학창 시절을 함께 해온 사이다. 마쓰모토 후보는 학생 시절부터 공산당 당원으로 활동했고, 나는 그의 조직과 대립각을 세운 보수진영의 자금으로 설립된 도쿄대 자치 옹호연맹에서 활동했다.

당시 나는 GI 스타일로 학교에 다니다 보니 마쓰모토에게 "GHQ의 첩자!"로 낙인찍혔고, 나는 나대로 마쓰모토를 "매국노 마르크스주의자!"라며 비난했다.

졸업 후 나는 정치와 무관한 길을 걸었고 마쓰모토는 사법시험에 합격해 변호사로 일하면서 '인민 대중을 위한 투쟁'을 위해 공산당 당원으로서의 활동을 지속했다.

나는 무역상으로 이름을 알리면서 오랜 친구인 마쓰모토에게 법 해석과 소송에 대한 상담을 가끔 의뢰했다. 그리고 그의 선거 자금 일부를 후원했다. 이 모든 결정은 결국 내가 손익을 따져보고, 나에게도 이득이 될 거라고 판단한 결과였다.

마쓰모토 후보의 당선 축하연에 초청된 인사 중 유일하게 공산당과 이념을 달리하는 내가 그 자리에서 명확하게 밝힌 내용을 이곳에서 소개하고자 한다.

계산만 맞는다면 공산당도 후원하라

마쓰모토 후보는 당선 축하 석상에서 나를 이렇게 소개했다.

"이곳에 참석해 주신 여러분은 단 한 사람을 제외하고는 모두가 저와 생각을 같이하는 분들입니다. 그러나 여기에는 공산당과 이념을 달리하면서도 저를 지지해 준 한 분이 계십니다. 바로 후지다 덴 씨입니다."

나는 소개를 받고 마이크 앞에 섰다. 당선을 축하하는 말을 간단하게 전한 뒤 공산당과 이념이 다른 내가 마쓰모토 후보를 지지하게 된 이유를 말했다.

"지금 세계는 미국을 중심으로 하는 자유 진영과 소련(현 러시아)을 중심으로 하는 공산주의 진영으로 양분화되어 있습니다. 주지하는 바와 같이 일본은 미국 편에 바짝 붙어 있는 상황입니다. 저는 이 상황이 당분간은 지속될 것으로 예상하고 지속되기를 바라고 있습니다. 왜냐하면 일본이나 저도 앞으로 약 100년 동안은 일본이 미국에 붙어 있는 편이 유리하기 때문입니다. 이를 위해서라도 일본 공산당은 의석수를 더욱 늘려주시길 바라 마지않습니다. 일본에 공산 진영의 정당이 자리 잡고 힘을 키워서 미국이 시키는 대로 일본 정치가 휘둘리지 않도록 견제하는 역할을 충실히 수행해 주세요. 그럼 미국은 일본에 더욱 우호적인 모습을 보이며 손을 내밀게 될 것입니다."

그리고 계속해서 말을 이었다.

"왜냐하면 일본을 함부로 대하면 소련 쪽으로 기울지도 모른다는 불안감이 생길 것이기 때문입니다. 미국이 제시하는 달콤한 당근을 냉큼 받아먹는 것이 바로 우리 같은 장사꾼입니다. 일본이 떼를 쓰면 쓸수록 미국은 일본을 귀하게 여길 것입니다. 다시 말해 일본이라는 몸속에는 공산당이라는 세균이 살고 있는데,

그 세균이 증식하면 증식할수록 미국이라는 의사는 일본에 더 좋은 약을 처방하게 될 것입니다. 이처럼 떼를 쓰는 역할, 세균의 역할을 저는 공산당에게 기대하는 것입니다. 제가 선거자금을 일부 융통한 것은 계산기를 두드려 보고 실리를 쫓았기 때문입니다. 마쓰모토 후보는 당선되었고 훌륭한 세균으로 배양되었습니다. 제 투자는 성공한 것입니다.”

당연한 원칙

농담인지 진담인지 나조차 알 수 없는 여러 말들을 늘어놓았지만, 내 인사말이 끝나자마자 우레와 같은 박수가 터진 것만은 사실이었다.

자고로 장사꾼은 이익만 내면 된다. 정치적 이념은 무용지물일 뿐이다.

무능한 정치인이
국가의 원수다

일본 정치인은 일본이 후진국임을 시사하는 표본과도 같은 존재이다. 어차피 나쁜 짓을 할 것이라면 최소한 나라에 도움이 되는 나쁜 짓을 했으면 한다.

독일의 히틀러는 유대인을 말살한 광인이지만, 국민에게 아우토반이라는 자동차 도로와 포르쉐 박사에게 의뢰해 제작한 폭스바겐이라는 명품 자동차를 남겼다. 아우토반은 국민의 무상 근로 봉사로 건설되었다. 도로를 무상으로 건설하다니 이보다 대단한 정치력이 또 있을까 싶다.

그렇지만 일본은 이와 반대로 종전 직후 수출 진흥을 외치며 수입업자를 국가의 원수로 낙인찍던 정치인이, 이번에는 180도로 돌변해 수출로 달러를 벌어들이는 수출 업자를 국가의 원수로 비난하고 있다.

장사꾼은 결코 국가의 원수가 아니다. 될 수도 없다. 국가의 원수는 오히려 무능한 정치인이다. 모든 문제는 정치 탓이다.

용건 있는 사람이 와야지

언제였는지는 기억나지 않지만 출장에서 돌아오는 열차에서 국회의원과 나란히 앉은 적이 있었다. 어쩌다 보니 말을 섞게 되었고 다양한 주제의 대화들이 오갔다.

택시 요금 문제로 화제가 옮겨갔을 때 나는 요금 이전에 해결해야 할 문제가 있다고 말했다.

"다른 나라는 미터요금의 55퍼센트를 운전기사의 몫으로 가져갑니다. 그런데 왜 일본은 55퍼센트를 가져가지 못하는 걸까요?"

이는 일본의 후진성과 직결되는 문제이고, 이를 심각하게 생각하지 않는 정치인도 다른 나라에 비해 민생 문제에서 뒤처져 있는 것이라고 지적했다.

"재미있는 말씀입니다. 언제 제 방으로 놀러 오십시오. 고견을 여쭙고 싶습니다."

정치인은 웃으며 이렇게 말했다.

"농담이죠? 놀러 갈 시간 따위는 없습니다. 듣고 싶으신 분이 찾아오셔야지요."

그러면서 나는 명함을 건넸다. 정치인은 발끈한 표정으로 명함을 받았다.

시간이 지나 그 정치인이 노동부 장관(현 후생상)이었다는 사실을 알고 잠시 움찔하기는 했다. 하지만 아무리 그래도 용건 있는 사람이 찾아와야지 상대방을 오라 가라 하는 정치인이 있는 한 일본의 정치는 발전하지 못할 것이다.

이런 정신 상태이니 국제무대에서 늘 망신당하는 것이다.

일본인의
첫인상

수년 전까지만 해도 해외에서 온 비행기가 하네다에 도착하면 작은 체구의 남자가 매우 고압적인 태도로 기내에 들어와 승객들 얼굴을 일일이 확인했다. 검역관이 기내검역을 시행하는 것인데 그다지 유쾌한 경험은 아니었다. 일본을 제외한 다른 나라는 이렇게 하지 않는다.

굳이 어두운 기내까지 들어와 직무 수행을 하지 않더라도 비행기 트랩 아래에서 대기하며 내려오는 승객들 얼굴을 확인할 수 있을 것이다. 이 방법이 예의 면에서도 훨씬 나을 것이다.

검역관은 일본 도착 후 처음 만나게 되는 일본인이다. 일본을 처음 방문하는 외국인이라면 태어나 처음 만나는 일본인이 바로 검역관일 텐데, 첫 만남부터 좋지 않은 인상을 남기는 것은 일본에 치명적인 손해다.

나는 예전부터 기내검역이 곤욕스러웠기에 기회 있을 때마다 관계자에게 불만을 내비쳐 왔다. 황색 피부의 작은 남자가 착륙하자마자 비행기에 들어오지 않는 것만으로도 일본의 인상은 훨씬 좋아질 것이다.

다행히도 최근에는 이 부분이 개선되어 내 사업도 한결 수월해졌다. 사업에서는 첫인상이 무엇보다도 중요하기 때문이다.

정석을 알라

유대 상술에는 독특한 정석이 있다. "계약은 반드시 지켜야 한다."라는 말도 그렇고 "여성의 입을 공략하라."라는 말도 그중 하나다. 유대 상술을 자신의 것으로 만들기 위해서는 이 책에 소개된 정석을 충분히 자기 방식으로 소화해야 한다.

유대 상술의 정석은 전 세계에서도 통하는 유일한 '상술'이다. 정석을 모른 채 무역업에 뛰어든다는 것은 수영을 못 하면서 물 안에 뛰어드는 것과 마찬가지다.

정석을 통달해야 비로소 유대인을 상대로 팽팽한 줄다리기를 할 수 있다. 경쟁이 없는 곳에 번영도 없다. 유대인과의 치열한 경쟁에서 살아남아야 한다.

유대 상인의
은어

유대인이 좋아하는 은어 '간사마아하아'

유대인에게는 유대인 사이에서만 통하는 말이 있다.

유대인과 거래하는 일본 상사 직원들은 유대인을 영어로 '쥬 Jew'라고 하는데 착안해서 유대 상인을 '이치규'라고 불렀다. '이치 ⑴'와 '규⑼'를 합하면 '쥬⑽'가 되는 데서 생겨난 은어다. 유대인은 일본어를 알아듣지 못한다고 생각해 그들 앞에서 아무렇지 않게 '이치규'라고 했다.

하지만 유대인은 어학 천재다. 적어도 3개 국어 정도는 할 줄 알기에 '이치규'가 무슨 뜻인지 안다. '이치규'라는 단어가 나오면 '허허, 지금 유대인을 차별하는군.' 하면서 바로 상대방의 속내를 간파한다.

유대 상인이 일본 은어를 통달하는 만큼 일본인도 유대 상인의 은어 정도는 알고 있어야 대적할 수 있다.

가이쿠우 : 악질 유대인을 가리킨다.

시니이 : 가이쿠우보다 몇 단계 더 악질인 유대인을 말한다. 돈을 위해서는 수단과 방법을 가리지 않는다. 비열한 수단을 써서라도 목적을 쟁취하는 무리를 가리킨다. "너 하는 짓이 꼭 시니이 같아."라고 하면 상대방은 쏘아본다.

간사마아하아 : 시니이와 가이쿠우와는 정반대로 '지극히 양심적인 상인'이라는 의미한다. "당신은 간사마아하아이군요."라고 하면 유대인은 기뻐한다.

일본에 사는 유대인 부호

1970년도의 고소득자 순위에서 고베^{神戸}에 거주하는 유대인 데이비드 가브리엘 사순 씨가 11위를 차지했다.

사순 씨의 연간 소득은 7억 4,976만엔으로 주차장 경영과 무역으로 벌어들인 소득이다.

주차장은 지상권 설정을 잘 안 해주는 일본에서는 최상의 상술로 손꼽힌다. 중심가 최상급지를 나대지 상태로 내버려 둘 수 있는 가장 좋은 방법이기 때문이다. 게다가 매일 같이 수입도 들어오니 금상첨화다.

따라서 유대인이라면 충분히 눈독 들일만 한 사업이다.

그런데 사순 씨는 일본에 사는 유대인 중에서는 부자 축에 끼지도 못한다고 했다.

일본에 사는 유대인 중에서 최고 부자는 도쿄 지요다구에 3,000평의 호화저택을 보유한 사울 아이젠베르크 씨라는 설이 있다. 자산이 1억 달러라는 말도 있고 십수억 달러라는 말도 있는데 그 진위는 확인되지 않았다.

이 밖에도 쥬크 박스의 고엔 씨 등 사순 씨를 뛰어넘는 부호가 열 명 가까이 더 있다고 한다.

'엔화'를 빨아들인
유대 상술

★ ★ ★ **Part 5** ★ ★ ★

상인이라면
우선 팔아라

큰돈을 버는 방식을 지향하는 유대 상술에서 대표적인 효자 상품은 바로 '통화(화폐)'이다. 화폐 거래에서는 물건 발주나 납기와 품질 때문에 골머리를 앓는 번거로움이 발생하지 않는다. 가장 쉬운 장사라 할 수 있다. 더군다나 땀 흘려 일할 필요도 없다.

'돈'이 상품이 되어 떼돈을 벌 수 있는 시기는 통화가치가 변동할 때다. 365일 언제나 그런 것이 아닌 특정한 시기를 맞춰야만 한다.

"미스터 후지다, 언제쯤 엔화 절상이 이뤄질까요?"

사업 관련으로 국제전화를 할 때나 일본에 온 유대인이 내 사무실에 들를 때마다 슬쩍 물어보면서도 집요하게 이런 질문을 하게 된 시기는 1971년으로 바뀐 지 얼마 안 되고부터였다.

8월 16일 미국 닉슨 대통령이 달러 방어 성명을 발표하기 6개월 전부터, 유대 상인은 이번 세기의 최고 대박을 위해 '엔화'에 모든 관심을 집중하고 있었다.

무언가 목표가 생겼을 때 하수들은 '매입'부터 시작하고, 반대로 고수들은 '매도'부터 한다. 매도를 통해 돈을 버는 것이다. 장사는 매도와 매수로 이루어진다. 그런데 일반적으로 매수보다는 매도가 이익률이 훨씬 높다.

엔화를 표적으로 삼은 유대 상인은 6개월 전부터 엔화 절상이 있을 것으로 내다보고 조금씩 달러를 일본에 팔기 시작했다. 일본 당국의 엄중한 외환 관리체제의 법망을 피하는 교묘한 방법을 통해 유대 상인의 달러는 조용히 은밀하게 그리고 확실하게 일본에 상륙했다.

이변은 1971년 2월부터 시작되었다

그 증거를 숫자로 확인해 보고자 한다.

다음 도표는 대장성大蔵省(현 재무성) 자료에서 가져온 1970년 8월부터 1971년 8월까지의 외환 보유 현황이다.

1970년 8월에는 외환 보유가 35억 달러에 불과했다. 종전 이후 25년간 근면한 일본인이 정직하게 피땀 흘려 벌어들인 결과가 고작 35억 달러였던 것이다.

연월	외환 보유고	전월 대비 증감
1970년 8월	35	-
9월	35	-
10월	37	2
11월	39	2
12월	43	4
1971년 1월	45	2
2월	48	6
3월	54	6
4월	57	3
5월	69	12
6월	75	6
7월	79	4
8월	125	46

※ 단위 억 달러(일본 대장성 단기자금 조사)

그런데 1970년 10월부터 국제수지가 흑자로 돌아섰고, 외환 보유액도 조금씩이긴 하지만 지속적인 상승세를 보였다. 매월 2억 달러 내외의 플러스는 무역 호황에 힘입은 결과로 해석해도 무방하다. 따라서 적어도 10월이나 11월까지는 유대인에 의한 달러 매도가 없었다고 볼 수 있다. 12월에는 4억 달러가 증가한 것으로 나타났지만 연말이라는 특수성을 고려하면 1971년 1월까지는 여전히 급박한 상황이 아니었다.

비정상적인 숫자는 2월부터 나타난다. 2월 이후의 숫자를 보면 2월에는 3억 달러 플러스, 3월에는 6억 달러 플러스로 외환 보유액이 가파르게 증가한 것을 알 수 있다. 5월에는 무려 12억 달러나 늘어나 1970년 8월 시점의 35억 달러의 약 2배에 가까운 69억 달러를 기록했다.

상식선에서 생각하면 된다. 종전 이후 25년에 걸쳐 힘들게 벌어들인 외화와 동일한 규모의 외화가 불과 9개월 만에 증가했다는 것은 큰 이변이다. 아무리 수출이 호조세를 보이며 트랜지스터가 폭발적으로 해외에서 팔리고, 일본산 컬러TV와 자동차가 많이 팔린다 해도 단 9개월 만에 과거 25년 동안 벌어들인 이익에 필적할 만큼 늘어날 수는 없는 일이다.

이 부분을 눈치챘다면 "이것이야말로 일본인이 근면하다는 증거다. 일본인이 일을 많이 하니까 외화가 쌓이는 건 당연하다."라며 낯간지러운 말은 차마 할 수 없을 것이다. 그러나 그 당시 언론 논조는 '근면한 일본인'이라는 자화자찬 일색이었다. 이를 보면 언론인도 공직자들도 이러한 이변을 전혀 짐작조차 못 하고 있었음을 여실히 보여준다. 이는 국제 감각이 결핍되어 있다는 방증이다.

큰 이윤이 상술이라면
손해 보지 않는 것도 상술

1971년 5월 외환 보유가 69억 달러를 기록했을 때, 나는 머지않아 100억 달러 시대가 올 것이며, 그렇게 되면 좋든 싫든 간에 엔화 절상은 불가피할 것으로 전망했다.

나는 곧바로 사내 인력의 전환 배치를 감행했다. 수출부서에는 매니저와 어시스턴트 매니저 그리고 타이피스트 세 명만 배치하고, 다른 사원은 전원 수입부서로 인사 발령을 냈다. 내가 수출부서를 폐지하지 않고 세 명만 남겨 둔 이유는 나름대로 생각이 있었기 때문인데, 그 이야기는 다음에 설명하겠다.

어쨌든 세상은 경기 호황에 들떠있었고, 수출은 원하는 대로 얼마든지 거래가 성사되던 시절이었다. 그러다 보니 나의 강압적인 전환 배치에 직원들의 비난이 쏟아졌다. 나는 극히 소량 품목을 제외한 모든 품목을 수출 업무에서 빼도록 지시했다.

"사장님, 엔화 절상이 결정된 것도 아닌데요."

"사장님, 돈이 되는 일들을 모두 포기하라는 말씀인가요?"

나에게 울먹이며 항의하는 직원도 있었다.

"돈이 되는 안건도 무시하도록. 나는 손해를 보고 싶지 않을 뿐이야. 지금 수출 주문을 받으면 머지않아 틀림없이 큰 손해를 입을 테니까."

나는 그렇게 말하고 모든 항의를 일축했다.

그리고 동업자로부터 다소 비아냥거리는 전화를 받기도 했다.

"당신이 수출을 중단해 준 덕분에 우리가 500만 달러의 수주를 받게 되었네. 참 고맙게 생각하네. 내가 대신 돈을 좀 벌 텐데 너무 배 아파하지는 마시게."

그때 나는 이렇게 충고했다.

"머지않아 우리 힘으로는 통제할 수 없는 부하에 봉착하게 될 거야. 큰 손해를 입을 거라고."

그렇지만 내 조언은 보란 듯이 비웃음을 당했다.

"또 그런 꿈 같은 말씀을 하시네요"

거래 은행에서도 문의 전화가 왔다.

"왜 수출을 중단하셨어요?"

"왜냐고요? 앞으로 세상은 변할 테니까요."

은행도 눈을 동그랗게 뜨고 의아한 표정을 지었다. 하지만 나는 숫자를 믿었다. 숫자는 결코 거짓말을 하지 않는다.

6월이 되자 6억 달러가 더 늘면서 외환 보유액은 75억 달러에 달했다. 드디어 태풍의 눈에 근접한 것이다. 나는 내 전망이 틀리지 않았음을 확신했다.

먹잇감이 된 일본

그와 동시에 "일본에서 달러를 매도하고 있다."라는 유대인의 소식도 여기저기서 들려왔다. 비정상적인 외환 보유액의 증가는 역시 유대인의 달러 매도 때문이었다.

7월이 되자 외환 보유액은 79억 달러를 기록했다. 불과 2개월 만에 10억 달러나 증가한 것이다.

유대인은 일본 환율시장이 열렸는지를 국제전화로 문의하기 시작했다.

"지금도 운영 중입니다."

"정말이죠? 거짓말 아니죠? 정말 열렸구나. 세상에!"

환율시장이 열린 것을 확인하면 유대인은 약속이라도 한 듯이 어이가 없다는 건지, 감탄하는 건지 알 수 없는 말을 중얼거리곤 했다.

시카고에서 돼지 700만 마리를 사육하는 유대인의 경우는 좀 더 노골적이었다.

"이건 기회다! 돼지 700만 마리를 파는 것보다 수천만 달러를 매도해 돈을 버는 편이 훨씬 벌이가 좋다고. 엔화가 절상되는 정확한 날짜만 알려준다면 수익의 절반을 줄게."

"노, 땡큐!"

나는 혀를 깨물며 굴욕을 견뎠다. 그러나 이미 일본은 하이에나처럼 몰려든 유대 상인의 먹잇감이 되고 있었다. 정부는 대체 뭐 하고 있는 건지. 한가하게 늑장 부리고 있을 때가 아닌데….

유대인 친구들이나 외국은행 담당자는 나에게 달러를 팔도록 권유했다. 그런 조언이 없어도 달러를 팔면 돈이 된다는 것쯤은 너무나 잘 알고 있었다. 수출부서를 축소한 시점에서 달러를 팔 수도 있었다. 나는 달러 매도를 통해 떼돈을 벌 수 있었던 유일한 일본인이었다고 자부할 수 있다. 그랬기에 나는 더욱더 달러로 돈을 벌 수 없었다. 달러를 팔면 나는 돈을 벌겠지만 일본 국민은 손해를 보게 된다. 나는 일본을 대상으로 돈을 벌고 싶지는 않았다. 유대인에게 돈을 번다는 것이 나의 철칙이었다.

나는 돈벌이에 관한 이야기에도 귀를 닫았다. 그리고 묵묵히 손해를 보지 않는 것에만 집중했다. 나는 비록 '긴자의 유대인'이지만 2000년 동안 돌아갈 조국이 있던 남자였다. 나는 조국에 대한 배신행위만은 할 수 없었다.

무능은
범죄다

닉슨 쇼크 전후에 벌어진 유대인의 달러 매도는 광기에 가까웠다. 달러 매도는 현금으로 이루어진다. 8월에는 일본의 외환 보유액이 전월 대비 46억 달러 증가한 120억 달러를 기록했다. 불과 한 달 새에 종전 이후 25년간 모아온 외화를 현저히 웃도는 금액이 일본에 유입된 것이다.

이 정도 규모의 현금을 자유롭게 움직일 수 있는 세력은 유대인 외에는 떠오르지 않았다.

닉슨 성명 이후에도 달러 매입을 통해 환율을 방어하면서 외환 시장을 폐쇄하지 않은 채 고정환율을 유지하는 일본을 지켜보던 유대인 친구 사무엘 골드슈타트 씨가 고개를 절레절레 저으며 말했다.

"일본 정부는 잠자고 있는 걸까? 이대로라면 일본은 망하고 말 거야."

그러면서도 그는 멈추지 않고 달러를 부지런히 팔아치웠다.

"상대는 회사가 아니야. 절대 돈을 떼먹지 않을 일본이라는 한 나라의 정부라고. 안심하고 계속 팔아도 돼."

이렇게 말하는 유대인도 있었다.

"은행 대출로 달러를 파는 중이야. 은행에 연이자 10퍼센트를 주더라도 이건 남는 장사니까."

유대인은 감동의 눈물이라도 흘릴 것 같은 눈으로 관대하고 어리석은 일본 정부에 감사하며 달러를 마구 내던졌다.

이런 와중에 일본 국회에서 나온 답변 내용은 참으로 엉뚱하고 뜬금없었다.

"외국인에 의한 투기적 매도를 통한 차익 실현은 절대로 용납할 수 없습니다. 수익을 올린 사람에게는 철저히 세금을 부과할 방침입니다."

나는 묻고 싶다.

"유대인이라는 외국인이 돈을 벌어간 게 아니라면 이렇게 많은 달러 현금이 어떻게 유입될 수 있었을까? 어떻게 불과 1년이라는 시간 동안에 전후 25년간 쌓아 올린 외화의 4배에 달하는 달러가 증가할 수 있었을까? 그리고 정부는 해외에 사는 유대인에게 어떻게 세금을 부과하고 징수할 생각인가?"

세금을 걷겠다니 기가 막힐 노릇이었다.

국민 1인당 5,000엔의 손실을 만든 꼼수

일본이 이번 세기 최대 위기에 직면했을 때 높으신 분들은 대체 뭘 하고 있었을까?

군이 말하자면 높으신 분들은 가루이자와에서 골프를 치고 있었을 것이다. 그리고 홀인원에 성공했다며 생애 최고의 날을 만끽하고 있지 않았을까.

나는 정치를 잘 모른다. 만약 한 기업의 사장이 골프를 치는 동안 회사가 수천만 엔이나 수천억 엔의 손실을 입었다면 어떻게 되었을까. 사원 앞에서 고개 숙여 사죄하는 것만으로는 끝나지 않을 것이다. 이번에 일본이 입게 된 손실도 태평양전쟁 때와 마찬가지로 "전 국민이 잘못한 일이니 1억 명이 다 같이 두 손 모아 반성합시다."와 같은 논리로 흘러간 것처럼 "이번 일은 모두의 책임입니다."라면서 세금으로 메울 게 불 보듯 뻔했다.

국민에게 손해를 입히기만 하는 그런 정부는 필요 없다. 정치인이 없어도 세상은 어떻게든 굴러간다. 그러면 적어도 세금으로 놀고먹는 공무원을 먹여 살릴 필요도 없어진다. 도대체 이번 손실을 어떻게 변상할 것인가?

유대인은 달러당 360엔의 환율로 달러를 팔았다. 엔화 절상으로 달러당 308엔의 환율이 된 지금, 달러를 다시 사면 달러당 52엔의 환차익이 생긴다. 반대로 일본은 달러당 52엔의 환차손을 입게 된다.

달러당 308엔이 된 지금, 일본이 손해 보게 될 금액을 추산해 보면 무려 4,500억 엔이라는 계산이 나온다. 이는 국민 1인당 5,000엔에 가까운 손실이다.

전매공사(현 JT)가 1년 동안 열심히 담배를 팔아 국민에게 거둬들인 전매 이익금에 버금가는 금액이 눈 깜짝할 사이에 연기처럼 사라진 것이다.

이런 사태를 강 건너 불구경하듯 지켜만 보았던 게 정치인이라 불리는 무능한 자들이었다. 나는 '무능'은 엄연한 '범죄'라고 생각한다.

가만히 앉아
돈을 버는 '취소의 상술'

정부가 닉슨 성명 이후에도 외환시장을 개장한 채 달러 매입을 통해 환율방어에 나선 배경에는 대수롭지 않게 여긴 확신이 있었기 때문이다.

"일본은 엄중한 외환관리 제도를 채택하고 있기 때문에 투기적으로 달러를 매도하는 작전세력이 들어올 빈틈이 없다."

외환관리 제도의 채택으로 외국인에 의한 투기적 달러가 일본에 유입될 여지가 없다는 점이 분명해 보였다. 그렇지만 외환관리 제도하에서는 있을 수 없는 투기적 매도가 현실에서 버젓이 자행되었고, 그로 인해 대량의 현금이 유입되었다.

유대 상인이 외환관리 제도라는 엄중한 법망을 피해 일본으로 달러를 가지고 들어올 수 있었던 것은 그들이 일본의 법을 역이용하는 수법을 사용했기 때문이었다.

유대 상인이 노골적으로 주목한 것은 일본이 채택한 '외화 선수금 제도'였다.

이 외화 선수금은 종전 이후 달러 조달이 시급했던 일본 정부가 고안해 낸 것으로 수출계약이 체결된 경우라면 선수금을 미리 받을 수 있도록 장려하는 제도다. 다만 이 외화 선수금은 취소도 가능하다는 허점이 있었다.

외화 선수금의 취소 제도를 활용하면 철통같은 원천 봉쇄를 뚫고 일본 외환시장에서 달러 매도를 보란 듯이 할 수 있었다.

앞서 말했듯이 장사라는 것은 '매도'를 먼저 해야 '매수'가 이뤄지고 비로소 상행위가 종료되어 이익이 발생한다. 정확히 말해 달러를 팔기만 하고 끝냈다면 유대인은 이익을 얻지 못했을 것이다. 엔화 절상이 이뤄지고 난 뒤에 팔았던 달러를 다시 매입하게 되면 환차익이 발생해 비로소 이익을 보게 되는 것이다. 그런데 달러를 도로 매입했다는 것은 '취소'를 의미한다.

다시 말해 유대 상인은 일본의 수출업자와 계약을 맺고 외화 선수금을 풀로 활용해 일본에서 달러를 파는 수법을 사용했다. 그리고 일본 수출업자와 계약을 파기하면 달러를 도로 매입해 가져갈 수 있게 된다. 계약한 시점에는 선수금의 명목으로 달러당 360엔의 환율로 달러를 팔고, 308엔의 환율이 되었을 때 취소를 넣어 달러를 매입하면 차액 52엔이 실현되는 것이다.

파리만 날리는 외환시장을 만든 정체

일본 정부가 이러한 꼼수를 눈치챈 것은 닉슨 성명 이후 열흘이 지난 8월 27일 무렵이었다. 그리고 8월 31일이 되어서야 '외화 선수금' 제도의 중단을 발표했는데 전면적인 중단이 아닌 하루 1만 달러까지는 허용하되, 1만 달러를 초과할 시에는 일본 은행의 승인이 필요하다는 내용이었다.

이러한 방침이 발표되자마자 언론에서는 파리만 날리는 외환시장이라는 보도가 쏟아졌다. 당연한 일이다. 그 시점은 전 세계 유대인이 이미 달러를 거의 팔아치운 후였기 때문이다. 일본 은행이 규제하겠다고 움직였을 때는 모든 유대 상인이 일찍이 '엔화'에서 손을 뗀 시점이었다. 외환시장이 파리만 날렸던 이유는 팔아치운 달러를 유대인들이 얼마에 다시 매입할지 조용히 계산하는 중이기 때문이었다.

달러 대량 매도로 일본의 외환 보유가 150억 달러에 육박했음에도, 엔화를 통해 돈을 벌 승산이 여전히 있다고 판단한 그들은 뻔뻔스럽게도 달러를 추가로 매도하는 행위를 이어갔다.

"외환 보유액이 200억 달러를 돌파하면 또 한 번의 엔화 절상이 불가피하다. 그렇게 되면 현재 달러당 308엔의 고정환율이 무너지고 달러당 270엔이 될 것이다. 그 타이밍에 달러를 매입하면 달러당 40엔의 추가 환차익을 기대할 수 있다."

유대인은 그렇게 내다봤다.

그렇게 되면 그들이 이익을 보는 만큼 일본 국민이 고통받고, 일본이 손실을 떠안게 되고, 일본 국민은 과도한 세금을 부담하게 될 것이다.

손실을 보전할 방법은 있다

첫 번째 방법은 취소의 경우 처음 팔았던 달러당 360엔의 환율로 달러를 다시 매입하는 것이다.

두 번째는 과거의 경우 선수금을 낸 이후 1년 이내에 수출이 이뤄지지 않은 거래는 무효로 보았으므로, 이번 경우도 똑같이 달러당 360엔으로 달러 매입을 진행토록 하는 방법이다.

그런데 일본 정부는 그 어느 쪽도 실행할 의지가 없어 보였고, 8억 달러의 손실은 고스란히 국민에게 돌아간다는 사실만이 명확해졌다.

어찌 되었든 비정상적으로 증가한 외화 150억 달러는 계속 줄여나가야만 한다. 현재 일본 은행이 발행하는 은행권 규모는 총 5조 6,862억 엔(1972년 3월 31일 현재)이다. 150억 달러를 엔으로 환산하면 약 4조 5,000억 엔, 다시 말해 은행권 발행 총량에 필적하는 외화가 일본에 흘러들어온 것이다. 만에 하나 달러 유입의 여파로 대량의 은행권, 즉 엔화가 국제시장에 풀리게 되면 일본경제는 위험한 상황에 직면하게 된다. 일반적인 통념과는 달리 달러를 줄여나가야만 하는 이유는 바로 이런 부작용 때문이다.

그럼 달러를 줄이면 어떻게 될까? 수출업자를 나라의 적으로 낙인찍었던 정부의 태도는 돌변할 것이고 또다시 '수출 진흥'을 제창하게 될 것이다. 내가 우리 회사 수출부서에 3명을 남겨 둔 이유는 이를 대비하기 위함이었다. 수출을 재개하기 위해서는 불씨를 남겨 둬야 했기 때문이다.

이를 위해 나는 연 기준 약 100만 달러의 수출을 유지하고 있었다. 16.88퍼센트의 대폭적인 엔화 절상으로 인해 우리 회사는 연간 17만 달러의 손실을 보고 있었지만, 주력 분야인 수입은 엔화 절상 덕에 높은 이익을 실현하고 있었다. 합산해 보면 손실보다는 이익이 크다.

피해를 고스란히 떠안은 사람들

딱한 것은 수출업에 종사하는 업체들이다. 내가 수출을 중단하자 많은 주문이 쏟아졌다며 좋아했던 수출업체는 몹시 난감한 상황에 빠졌다.

미국 바이어는 애초 10퍼센트로 협의했던 위약금의 절반을 내라는 강압적인 요구를 해왔다. 게다가 엔화 절상으로 인한 손실까지도 떠안아야 한다. 궁여지책으로 취소해도 발주처의 국내업체가 물건을 압류하거나 대금 미지급 소송을 제기할 게 분명하다. 미국 바이어와 국제전화로 협상하다 보면 전화 요금 비용도 만만치 않게 들어가고, 전보 비용 또한 비싸서 큰 부담이다.

"수입은 위험한 도박이며 안전하고 확실한 벌이는 수출이 유일하다."

이렇게 호언장담하며 희망찬 봄날을 구가하던 대형 수출업체에 심심한 위로의 말을 전하고 싶다.

뛰어난 인재들만 모아 놓은 대장성(현 재무성)이 내 도표에서 나타난 단순한 숫자의 이면을 읽어내지 못했다는 건 거짓말 같은 이야기여서 공직자의 자격을 박탈하고 싶은 심정이다. 비정상적인 달러 유입의 '이상'을 감지하지 못한 채 외환 보유가 늘었다며 기뻐한 것은 외국에 대한 섬나라 민족 일본의 콤플렉스였다고 나는 생각한다.

적신호에는
멈춰라

미국의 인정사정없는 달러 방어책에 속수무책으로 당하면서도 외환시장을 폐쇄하지 않고, 달러 매도를 통해 환율을 방어하는 일본의 어리석은 모습을 지켜본 유대인은 다소 놀라는 눈치였다.

"우리는 적신호가 켜지면 멈춥니다. 그런데 일본인에게는 이런 단순한 상식조차 없나요?"

유대인은 솔직히 많이 당황해했다.

'적신호'는 1971년 5월의 외환 보유액이 12억 달러 증가한 것만 봐도 명백하게 알 수 있었다. 그들의 지적대로 적신호가 들어오면 멈춰야 한다는 상식조차 일본 정부에게는 없었다.

유대인은 1971년 5월의 적신호를 눈치챈 일본 정부가 곧바로 대책을 마련할 것으로 예상했다. 그런데 일본 정부는 그저 수수

방관만 할 뿐이었다.

"외환시장을 언제 폐쇄할 것 같나요?"

유대인은 전화로 시시각각 상황을 확인했다. 그리고 스위스 은행에서 달러를 송금받아 팔고 또 팔았다.

유대인에게 5월 이후 특히 닉슨 성명 이후에도 일본이 외환시장을 개장한 것은 예상치 못했던 보너스였다. 일본 정부가 차려준 진수성찬은 황홀 그 자체였다.

눈물 나게 반가운 일본 정부의 무대책

9월 2일 유대인 친구 하이먼 메소버 씨가 병으로 사망했다. 하지만 내 머릿속에는 떼돈을 벌어들인 메소버 씨가 숨도 못 쉴 정도의 돈다발에 파묻혀 기쁜 나머지 숨이 멎은 것 같다는 생각이 맴돌았다. 그만큼 유대인들은 일본 정부의 무대책을 비웃으며 돈을 쓸어 담았다.

버드나무 밑을 두 번 노린다

엔화 절상으로 재미를 본 유대인은 2년 이내에 또다시 엔화를 공격하게 될 것이다. 한 번 더 엔화 절상을 압박할 게 틀림없다. 이대로 어영부영 넘어가면 일본은 똑같은 과오를 반복할 것이고, 두 번째 엔화 절상을 통해 유대인에게 다시 한번 돈다발을 가져다

줄지 모른다.

이상하게도 인간은 같은 실수를 두 번 반복한다. 국제 감각이 부족한 일본인은 특히 더 정신을 바짝 차려야만 같은 실수를 반복하지 않을 수 있다.

종전 이후 환율이 일본은 달러당 360엔이었던 것에 비해 한국은 달러당 270원을 오랜 기간 유지했다. 원래는 반대였어야 했는데 미국 정책이 그렇게 정해준 것이다.

이후 한국은 원화 절하를 시행했고 달러당 30원이 되었다. 하지만 엔화는 또다시 절상되어 초기 한국 원화와 비슷한 수준인 달러당 270엔 전후가 될 것이라고 나는 예상한다.

이번에 이루어진 엔화 절상으로 16.88퍼센트의 가치가 상승해 달러당 308엔이 되었다. 위아래 변동 폭은 각각 2.25퍼센트, 엔의 상한선은 301엔 7전, 하한선은 314엔 93전인 것이니 아직 30엔 정도의 여유가 있다. 그렇기에 가까운 시일 내에 달러당 270엔의 환율을 노린 세력들이 또다시 일본에 몰려와 치열한 달러 매도를 펼칠 가능성이 충분히 있다.

그러면 엔화는 또 절상될 것이다. 이 점을 기억하고 결코 방심해서는 안 된다.

유대인은 두 번째 미꾸라지를 잡기 위해 다시 한번 버드나무 밑을 노리려 한다. 원래 그들은 그런 자들이다.

'일본 유대인'의
작은 역사

개국 직전에 일본에 상륙한 제1호 유대인

유대인이 일본 땅을 첫 번째로 밟은 시기는 16세기로 거슬러 올라간다. 나가사키현 히라도^{長崎県平戸}에 독일인, 폴란드인을 태운 배가 입항했다는 역사 기록이 있다. 그 안에는 유대인 2명도 포함되어 있었는데 의사와 통역사였다. 그리고 그들 중 적어도 한 명은 일본 여성과 결혼했다.

그 후 도쿠가와 막부의 쇄국정책으로 다른 외국인과 마찬가지로 유대인의 입국도 차단되었다.

그리고 1868년 메이지유신의 개국과 함께 유대인도 다시 일본에 들어오게 된다. 그들은 가장 먼저 요코하마와 나가사키로 이동했다. 요코하마 외국인 묘지에는 1869년에 한 명, 1870년에 5명의 유대인이 잠들어 있다.

최초의 재일 유대인 사회는 나가사키에서 형성되었다. 교회와 묘지가 설립되었고, 100명 내외의 유대인 마을이 나가사키의 일부 지역에 세워졌다.

그들은 입항하는 외국선에 우유, 물, 식료품을 공급하는 일에 종사했다. 그러다 1904년 러일전쟁이 시작됐고 러시아 선박 입항이 끊기면서 선박의 입출항이 급감하고 항구도시 기능이 쇠퇴하기 시작했다. 그러자 경제활동의 터전을 잃은 유대인은 나가사키를 떠나 고베와 상해로 이동하게 되었다. 일본 내 유대인의 본거지가 나가사키에서 고베로 옮겨가 버린 것이다.

그 후 1920년부터 나가사키에는 유대인이 한 명도 없게 되었다고 한다.

일본에 체류한 유대인은 제1차 세계대전의 어두운 그림자

나가사키에서 이동한 일본의 유대인은 요코하마와 고베에 각각 100명씩 나뉘어 살았다. 질서정연한 조직이 존재했던 건 아니지만 문제가 발생하면 유대인들은 전원이 모여 함께 해결책을 모색했다.

그런데 또다시 유대인의 생활을 위협한 것은 제1차 세계대전의 발발이었다. 참전한 일본을 지원하는 무역 활동마저도 지장이 생기기 시작하면서 수출품 출하까지 중단되고 말았다.

이는 무역항에서 경제활동으로 생계를 꾸려가던 유대인에게는 치명적인 타격이었다. 유대인들은 미국으로 이주하기 위해 요코하마에 속속 집결하며 배를 기다렸다.

요코하마에 집결한 피난 유대인

엎친 데 덮친다는 격으로 사태를 악화시킨 것은 1917년에 개정된 미국 이민법에 따른 이민 제한이었다. 유대인들의 마지막 보루였던 미국행이 무산된 것이다. 넋을 잃게 된 유대인 대부분은 여자와 아이들이었다. 남편들은 가족의 교통비를 벌기 위해 한발 먼저 미국으로 건너갔기 때문이다.

그렇게 해서 요코하마의 제국 호텔이 유대인들의 본거지가 되었고 상시 100명이 그곳에서 배를 기다렸다. 그러자 전 세계의 유대인은 구호 활동을 시작했다. 러시아계 유대인, 미국계 유대인 등 각지의 대표들이 그들을 돕기 위해 일본을 찾았다. 얼마 후 미국 이민법이 다시 개정되어 자유로운 입국이 가능해지면서 더 이상의 혼란은 피할 수 있었다.

제1차 세계대전의 뒤를 잇는 위기는 1923년의 관동 대지진이다. 요코하마에 사는 유대인 중에도 많은 희생자가 속출했고, 생존자는 괴멸적인 재난지역을 뒤로한 채 모두 고베로 떠났다.

나치로부터의 도주—제2차 세계대전

제2차 세계대전은 전 유대인에게 사상 초유의 수난을 가져다주었다. 나치는 모든 유대인에게 총구를 겨누었고, 일본에 있는 유대 사회에도 위협의 암운이 짙게 드리워졌다. 유럽에서 쓰루가^{敦賀}항으로 도주해 온 유대인도 많았기에 고베의 유대인 사회에는 많은 피난민으로 북새통을 이루었다.

제1차 세계대전 당시 일본의 모든 유대인이 요코하마에 모였던 것처럼 제2차 세계대전 때에는 모두 고베로 집결했다. 그리고 대다수는 미국, 호주, 상해로 건너갔다. 나치의 손아귀에서 벗어나기 위해 일본에 사는 유대인은 물론 다른 지역에 사는 유대인도 단결하고 협력하면서 안전한 곳으로 도주할 수 있도록 서로를 도왔다.

일본이 태평양전쟁에 돌입하자 다른 외국인과 마찬가지로 고베에 모여 있던 유대인은 모두 가루이자와^{軽井沢}로 이동했다.

오늘날의 유대인 사회—도쿄·고베

종전 이후 일본에 있던 유대인은 가루이자와를 떠나 도쿄와 고베에서 유대인 사회를 형성했다.

그 후 중국이 공산화되면서 중화인민공화국을 설립하자 상해와 하얼빈에서 일본으로 건너오는 유대인이 증가했다. 재일 유대인 사회는 일본에 정착한 이래 최대 규모를 기록했다.

현재 고베에는 35가구, 125명이 거주 중이며 이 중 아이는 27명이다. 1956년에는 일본 정부로부터 유대인 간사이 지부 단체 등록인허가증을 취득했다.

도쿄에 사는 유대인 사회는 150가구, 800명으로 구성되어 있다. 도쿄 시부야구에 있는 일본 유대교단을 중심으로 도서관, 학교, 레스토랑 등의 시설을 갖추었다. 그들은 매주 한 번 하는 예배 이외에도 영화, 토론회, 성서, 탈무드연구회, 콘서트 등의 광범위한 활동을 통해 정신적인 연대를 더욱 공고히 하고 있다.

유대인 가족은 교회로부터 차로 15분 거리 이내에 거주할 것을 원칙으로 하고 있다. 시부야, 아자부, 롯폰기, 세타야, 아오야마에 유대인의 가족이 많이 사는 이유는 15분이라는 제한 거리 때문이다. 일이 생겼을 때 곧장 교회로 달려올 수 있기 위한 그들만의 배려라고 한다.

종사하는 직종은 금속, 섬유, 전자공학, 카메라 등을 취급하는 무역상이 가장 많다. 그 밖에도 의사, 대학교수, 음악가, 기술자 등 일본에 이주해 온 초창기와 중기에 비해 직업이 상당히 다양해지고 있다.

유대 상술과
햄버거

★ ★ ★ **Part 6** ★ ★ ★

국가 공공 도로를 통한
기회를 창출하라

1971년 7월 20일 나는 미국 최대의 햄버거 체인점인 '맥도널드'와 50 대 50으로 '일본 맥도널드'에 공동출자하면서 대표이사로 취임했다. 일본 맥도널드는 긴자 미쓰코시 1층에 50제곱미터 규모의 매장을 열었다.

미쓰코시 측은 햄버거 하루 매출을 대략 15만 엔, 잘 되면 20만 엔 정도로 추산했다. 나는 하루 4,000개 판매를 예상했다. 1개에 80엔이니까 4,000개를 팔면 32만 엔, 끝자리를 버리면 하루에 30만 엔의 매출이 가능할 것으로 전망했다.

그런데 막상 뚜껑을 열어보니 예상치 못한 상황이 펼쳐졌다. 하루 30만 엔 수준이 아니라 100만 엔 매출을 달성한 것이다. 예상을 크게 웃도는 판매량을 기록하게 된 것인데, 이는 오픈 첫날

뿐만 아니라 연일 꾸준한 인기를 유지하고 있다.

최신형 계산대도 고장 날 정도의 문전성시

고객들의 반응은 무척 뜨거웠다. 햄버거 고객은 하루 1만 명 이상, 햄버거와 같이 나가는 콜라는 하루 6,000컵, 그동안 도심에서 코카콜라가 가장 많이 팔린 곳이 도시마엔豊島園 유원지였는데 그 기록을 크게 추월했다.

그 덕분에 '코르넬리우스 400'이라는 최신형 기계가 연기를 내며 고장이 났고, 카운터에 있는 스웨덴산 '스애더'라는 세계 최고의 계산대도 작동을 멈춰 버렸다. 미국에서 들여와 설치한 제빙기도 얼음을 만들어 내지 못하게 되었다. 셰이크 머신도 제 기능을 못 했다.

그렇다고 쾅쾅 눌러 치거나 특별히 험하게 다룬 것도 아니다. 너무 일을 많이 해 기계 성능이 수명을 다하게 된 것이다.

연 매출 3억을 찍는 '직장'

스애더 계산대는 "절대로 고장 나지 않는 기계로 정평이 나 있다."라는 말을 믿고 우리 매장에 들여놓게 되었는데 개점하자마자 고장이 난 것이다. 수리를 위해 달려온 서비스직원은 매장 상황을 보고 입을 다물지 못했다.

"일본에서 가장 험하게 사용되는 곳이 마트인데, 5초에 한 번씩 작동시켜도 전혀 이상이 없던 기계입니다. 그런데 이곳은 2.5초에 한 번씩 정산하다 보니 과부하에 걸린 모양입니다."

제빙기는 끊임없이 몰려드는 손님들 때문에 제빙실을 닫지 못해 망가져 버렸다.

"이렇게 미지근한 콜라는 처음 마셔 봅니다."

친구에게 이런 핀잔을 들었던 것도 이 시기였다.

통상 50제곱미터 규모의 레스토랑의 1년 매출은 평균 1,000~1,500만 엔 정도이다. 나는 이대로 가면 연간 3억 엔은 가볍게 달성할 수 있을 거라 보았다. 이 수치만 봐도 얼마나 장사가 잘되었는지 짐작할 수 있을 것이다.

보행자 천국=햄버거 레스토랑

이렇게나 고객이 몰려들면 매장 내 취식은 어렵다. 50제곱미터의 좁은 매장에 손님들의 행렬이 장사진을 이루었다. 다행스럽게도 미쓰코시 앞은 국가의 공공 도로였다. 햄버거를 손에 들고 미쓰코시에서 쏟아져 나온 사람들은 공공 도로에서 자유롭게 햄버거를 즐겼다.

특히 '보행자 천국'으로 지정된 일요일에는 긴자 미쓰코시 앞 국도 1호선의 차량 통행이 금지된다. 그러면 공공 도로는 맥도날드 햄버거 레스토랑으로 바뀌게 된다. 일본에서 가장 비싼 노른자 땅 긴자를 권리금 한 푼도 내지 않고 우리 점포처럼 활용할 수 있는 데다 하루 매출 100만 엔 달성을 도와주기까지 하니 춤이 절로 나올 정도였다.

　나는 이런 매장을 전국에 500군데 이상 오픈할 예정이다. 점포 500군데가 완성되면 일본의 레스토랑과 음식점 지도에 지각변동이 생길 것이다. 상상만으로도 즐거워진다.

유연성 있는 사고가
성공을 이끈다

내가 햄버거를 팔겠다고 말을 꺼냈을 때 다양한 사람들로부터 각양각색의 충고를 들었다.

"일본인은 쌀과 생선을 좋아하는 국민이잖아. 빵과 고기로 만든 햄버거는 잘 안 팔릴 거야."

이렇게 말하며 시작부터 말리는 사람도 있었다.

"일본인이 좋아할 만한 맛으로 바꾸는 게 좋을 거야."

이런 말을 해주는 사람도 있었다.

인기 상품 감별법

그러나 나는 햄버거가 유대 상술에서 꼽는 '제2의 상품'이라는 걸 잘 알고 있었기 때문에 틀림없이 잘 팔릴 거라 확신했다.

쌀 소비량이 감소세를 보이는 것도 숫자로 드러났다. 시대는 변하는 중이다.

쌀과 생선을 즐겨 먹는 일본인에게도 빵과 고기가 들어간 햄버거는 반드시 먹힐 것이다.

이런 자신이 있었다.

또 일본인이 좋아할 만한 맛으로 바꾸라는 고마운 충고도 외면했다. 공연히 어설프게 손을 댔다가 결과가 좋지 않으면 괜히 맛을 바꿔서 그렇다는 비난으로 이어질 게 뻔했기 때문이다. 그래서 맛도 그대로 가기로 결심했다.

긴자, 신주쿠, 오차노미즈 젊은 세대를 겨냥한 상술의 승리

7월 20일, 나는 긴자 미쓰코시에서의 첫 개점이 결정되자마자 시내 터미널에 있는 모 백화점의 식품부장을 만나러 갔다. 그는 내 선배이기도 했다.

"이 터미널은 제가 예전부터 눈여겨봤던 곳입니다. 이곳에서도 햄버거를 팔게 해주십시오."

"도대체 말이 되는 소리를 해야지. 햄버거라는 이상한 것들을 넣어 만든 빵 쪼가리를 팔겠다니 가장 좋은 자리를 내줄 수는 없지 않겠는가."

선배는 상대조차 해주지 않았다.

그랬던 선배가 새파랗게 질린 얼굴로 나에게 달려온 것은 햄버거가 긴자에서 폭발적인 인기를 끌고 있다는 사실을 알고 난 직후였다.

"여보게 후지다, 어떻게 안 될까?"

"어쩔 수 없습니다. 선배님에게 거절당하고 바로 신주쿠역 앞에 있는 닛코백화점에 부탁해 거기서 햄버거 매장을 내기로 결정해 버렸습니다."

닛코에는 1971년 9월 13일에 햄버거 매장을 개점해 젊은이들 사이에서 뜨거운 호응을 얻고 있다. 참고로 대학가로 대표되는 오차노미즈역 앞, 오오이한큐 호텔, 요코하마 마쓰야, 가와사키 고미야, 요요기역 앞, 도쿄역 야에스 지하거리에도 매장을 열어 안정적인 매출 성장을 이어가고 있다.

"햄버거는 팔린다."라는 선견지명이 없던 선배가 나에게 진 것이다. 이러한 선견지명은 고정관념에 사로잡혀 있는 사람에게는 절대로 기대할 수 없는 요소이다. 일본인은 쌀을 먹어야 한다는 고정관념 때문에 선배의 시각이 완전히 가로막혀 있었다고 할 수 있다.

이에 반해 미쓰코시는 선견지명이 있었다. 정체를 알 수 없는 햄버거에 전통을 자랑하는 백화점의 한편을 내어준 건 마쓰다 사장과 오카다 전무의 역사에 남을 용기 있는 결단 덕분이다. 그리고 미쓰코시도 햄버거 매장을 내면서 세계인에게 사랑받는 백화점으로 도약할 수 있었다.

　유연한 사고방식을 가지고 고정관념을 경계하는 것이 선견지명으로 가는 지름길이다.

입소문은
최고의 마케팅 툴

맥도널드는 겨자에서 케첩에 이르기까지 모든 것이 '오더 메이드'이다. 맥도널드는 다짐육도 1등급 소고기만을 사용한다. 하루에 필요한 단백질 섭취량인 40그램보다 5그램 더 많은 45그램의 소고기로 만든 햄버거를 제공하고 있다. 하루에 필요한 양을 햄버거 하나로 채울 수 있는 것이다.

홍보 담당은 애국자 미국인

일본에 사는 미국인들은 이러한 사실을 잘 알고 있다. 미국인은 햄버거에서 향수를 느끼는 탓인지 매장을 자주 찾는다. 고객의 10퍼센트가 미국인이다. 그들은 오랜만에 먹는 햄버거에 기분이 좋아져 옆자리에 앉은 사람들에게 이야기를 건네며 자기 나라

271

에서 건너온 맥도널드 햄버거를 홍보한다.

"이 햄버거는 100% 소고기로만 만듭니다. 그래서 맥도널드는 어느 매장이든 안심하고 먹을 수 있습니다. 미국에서 가장 큰 햄버거 체인점이고 맛도 제일 좋습니다."

하루는 나 역시 매장 근처를 서성이다가 미국 어르신에게 붙잡혀 맥도널드 햄버거에 대한 자랑을 긴 시간 동안 들어줘야 했다.

미국인들이 우르르 매장으로 몰려오니 얼떨결에 일본인들도 먹어 보게 된 것인지 모른다. 어쨌거나 이런 연유로 지금은 별도로 홍보하지 않는다. 섣불리 선전했다가는 들여온 지 얼마 되지 않은 신형 기계가 연기를 내며 작동을 멈출 수도 있기 때문이다.

감사하게도 그들이 햄버거를 자랑해 준 덕분에 햄버거가 불티나게 팔릴 수 있었다. 홍보는 입소문으로 신뢰를 얻는 방법이 가장 효과적이다.

인간의 욕구를
붙잡아라

80엔 하는 햄버거가 하루에 1만 개나 팔린다는 것은 손님이 특정 시간대에 몰리는 '피크 타임'이 없다는 뜻이다. 통상 식당은 식사 시간대에만 손님이 북적인다. 그런데 햄버거에는 피크 타임이 없다. 하루 종일 꾸준히 잘 나간다. 햄버거는 과자도 아니고 주식도 아닌 음식이면서, 과자이기도 하고 식사이기도 한 음식이다.

요즘은 1천 엔 한 장으로 온 식구가 외식할 만한 곳을 찾기가 힘들다. 그런데 맥도널드 햄버거를 함께 즐기면 맥도널드는 '패밀리 레스토랑'으로 변신한다. 이 또한 햄버거가 폭발적으로 인기를 끌고 있는 이유 중 하나다.

그리고 햄버거는 손에 음식을 들고 베어먹고 싶은 인간의 본능적 욕구를 충족시키는 음식이다. 나이프와 포크를 사용할 수 없

273

는 운전 중에도 햄버거라면 배를 채울 수 있다. 일하면서 식사도 해결할 수 있는 현대인의 니즈를 반영한 음식이기도 하다.

왜 이토록 인기인가?

얼마 전 모 잡지의 기획으로 평론가인 아오기야 쇼죠扇谷正造 씨와 대담을 가졌다. 아오기야 씨는 "사람들은 색다른 경험을 위해 햄버거를 먹는 것 같다."라고 말했다.

그래서 내가 물었다.

"혹시 햄버거를 드셔 본 적이 있으신가요?"

"아직 없습니다."

"드셔 보시지도 않고 색다른 경험 때문에 인기를 끌고 있다고 생각하시면 곤란합니다. 햄버거만큼 맛있는 음식이 없습니다. 단순히 신기해서 먹는 거라면 사흘 정도 팔리다가 나흘째부터는 고객의 발길이 끊어졌겠지요."

내 반론에 그는 더 이상 말을 하지 않았다.

나는 햄버거가 대박이 난 건 여러 가지 요소들이 복합적으로 작용했기 때문이라고 생각한다. 그와 동시에 인간의 욕구를 정확하게 파악하고, 유대 상술의 정석대로 판단하고 적용한 것이 성공의 핵심이었다고 본다.

여성의 취향과 입을
공략하는 전략

유대 상술에서 제1의 상품은 '여성'이고 제2의 상품이 '입'이라고 거듭 강조해 왔다.

햄버거는 직접적으로는 입을 겨냥한 상품이지만, 입 중에서도 여성의 입을 겨냥한 상품이다. 나는 의도적으로 햄버거를 통해 여성과 입을 공략했다. 4000년에 걸친 유대 상술 '공리'가 '여성과 입을 공략'하라고 가르치고 있는 이상 정도를 지킨 내 상술은 반드시 성공해야만 했다.

결과는 앞서 말했듯 엄청난 실적을 이루어냈다. 맥도널드는 만든 지 7분이 지난 햄버거는 즉시 폐기하도록 규정하고 있는데, 만들자마자 팔려나가는 상황이니 폐기할 햄버거 또한 없었다.

정석대로만 하면 성공은 보장되어 있다. 유대 4000년의 공리는 상인이라면 반드시 지켜야 하는 수칙이자 철칙임을 다시 한번 절실히 느꼈다.

여기서 오해가 없도록 몇 마디 덧붙여 두고자 한다.

나는 '빨리빨리'라는 말을 제일 싫어한다. 식사는 성대하게 천천히 음미해야 한다고도 했다. 이런 내가 부실한 식사라고도 할 수 있는 햄버거에 손을 댄 것은 앞뒤가 안 맞는 것 아니냐는 반론이 나올 법하다.

그렇다. 전쟁 같은 하루가 끝나고 일에서 해방되었을 때는 영양 가득한 식사를 충분히 즐겨야만 한다. 하지만 낮에는 일을 해야 한다. 집중적으로 일하고 저녁에 여유 있는 식사를 하면 된다. 낮 시간대는 전쟁터인 만큼 전장에 걸맞은 식사, 다시 말해 '비즈니스 푸드'로 간편하게 끼니를 때워도 괜찮은 것이다.

그 비즈니스 푸드에 가장 적합한 메뉴가 바로 패스트푸드 맥도널드 햄버거다.

그러므로 성대한 만찬을 즐기라고 권장하는 내가 패스트푸드 햄버거를 판다고 해서 절대 모순은 아니라고 생각한다.

자신이 회피하고 싶은
아이템을 팔아라

자신이 좋아하는 아이템으로 사업을 시작하는 것은 성공하기 어려울 수 있다.

예를 들어 옛날 소품을 좋아하는 사람이 골동품 가게를 연다거나, 칼을 좋아하는 남자가 도검을 만들면 사업에 실패할 확률이 높다. 이는 평소에 좋아하는 것을 사업으로 삼으면 개인적인 욕심이 개입되기 쉽기 때문이다.

장사의 고수는 본인이 좋아하지 않는 물건을 판다. 자기가 싫어하는 것이다 보니 팔 수 있는 방법이 무엇인지 진지하게 고민하게 된다. 자신의 취약한 부분을 극복하기 위해 필사적으로 노력하게 되는 것이다.

나는 전후 세대가 아니다 보니 주식은 여전히 쌀이다. 그래서 햄버거 같은 빵으로 한 끼 식사하는 게 힘들다. 하지만 내가 햄버거 사업을 시작하고자 마음먹게 된 이유도 돌이켜보면 햄버거를 좋아하지 않았기 때문이다. 햄버거야말로 나에게 꼭 들어맞는 '상품'이라고 생각했다.

나는 지금까지 여성용 액세서리와 핸드백 등을 수입하는 것에 주력해 왔다. 백화점 1층에는 액세서리와 핸드백을 진열해야 한다고 주장하며 전국 260곳의 백화점 1층에 액세서리와 핸드백 매장을 유치해 왔다.

나는 남자이기 때문에 액세서리를 몸에 휘감고 다니지도 않고, 핸드백을 손에 들고 거리를 거니는 일은 더더욱 없다. 바로 이 점이 내가 그 사업을 지속할 수 있었던 이유이다. 내가 남자이기에 여성용 상품을 가치로만 평가하는 냉정함을 유지했던 것이다.

전국 백화점에 햄버거 매장 전개

나는 그동안의 입장을 변경해 백화점 1층에 핸드백과 액세서리 매장을 두지 않아도 되니, 햄버거 매장을 내달라고 부탁할 생각이다. 하루 1만 명의 고객을 유인할 수 있는데 망설일 필요가 있을까. 햄버거만큼 고객을 자석처럼 끌어당기는 아이템은 없다. 햄버거에 이끌려 1만 명의 고객이 백화점을 찾게 되면 다른 매장에도 도움이 될 것이다.

식품업계에 상륙한 햄버거로 인해 이제 막 전투가 시작되려고 한다. 나는 햄버거로 일본 요식업계의 판을 크게 뒤흔들어볼 생각이다.

세상은 결국 승자만이 살아남는다. 장사도 마찬가지다. 한때 일본인들은 햄버거를 두고 '주먹밥이 최고'라며 빵은 식사로 적합하지 않다고 여겼다.

아무도 햄버거가 승리할 거라 예측하지 못했지만, 나는 보란 듯이 성공을 거두었다. 모두가 갈팡질팡하는 사이 확실한 승리를 거두어 요식업계의 승자가 될 날이 머지않아 올 것이다.

대형 마트에 근무하는 어느 식품부장은 점포 개점일에 첫 손님으로 찾아와 나를 붙잡고 햄버거를 헐뜯기 시작했다.

"소고기 100퍼센트는 거짓말인 거 다 알아요. 아무것도 섞지 않고 1등급 다짐육만으로 모양을 이렇게 납작하게 성형할 수는 없으니까요."

내 대답은 간결했다.

"일본에는 고기를 반죽해 모양을 잡아주는 기술이 없지만 외국에는 반죽을 성형해 주는 기계가 있습니다. 쉽게 고기를 뭉쳐주지요. 사람은 성형된 고기를 불에 구워서 빵에 끼우는 작업만을 담당한답니다."

후리다매 상술로 급성장 중

어떤 사장님은 이런 말을 했다.

"아무리 봐도 이 정도 내용물이 80엔이라는 게 믿기지 않습니다. 100그램당 200엔 하는 고기를 45그램 넣었다면 고깃값만 해도 벌써 90엔인데 말입니다. 처음에 밑지고 팔다가 조금씩 만회하려는 게 당신의 속셈인 건가요?"

나는 웃으며 이렇게 답했다.

"저는 '긴자의 유대인'입니다. 처음부터 손해 보는 장사라면 시작조차 안 했을 겁니다."

맥도널드 상술은 20%의 세전 이익을 유지하게 돼 있다. 이것만으로도 충분한 수익이 보장된다.

한 걸음 더 나아가 이런 질문을 하는 사람도 있었다.

"커피를 담는 종이컵 값이 15엔인데 적자가 아니라고요?"

"국산 종이컵은 15엔 정도이지만 미국산 종이컵은 개당 3엔 80전으로 상당히 저렴합니다. 저는 미국 맥도널드에서 직접 수입하고 있어 손해는 아닙니다."

나는 언제나 이렇게 대답한다. 손해 보는 장사는 하지 않는다는 것이 내 모토다.

나는 당신에게
엄청난 부를 보장한다

출자금 50 대 50. 사장 이하 전 직원을 일본인으로 채용한다는 조건으로 세워진 일본 맥도널드를 오픈하기 위해 나는 맥도널드 매니저 2명을 일본으로 불렀다.

1971년 7월 20일 긴자 미쓰코시 지점 오픈 일 오전 7시 30분, 2명의 외국인이 전화로 나를 깨웠다.

"지금 가게 앞인데 직원이 아무도 안 나왔습니다."

나는 순간 '외국인들이 시간을 착각하고 있는 건 아닌가?'라고 생각했다.

"미스터 후지다, 적어도 개점 3시간 전에는 가게에 나와야지요. 들어가고 싶어도 열쇠가 없으니 자물쇠를 부수는 걸 양해해 주길 바랍니다."

나는 허락하고 서둘러 출근했다. 긴자 미쓰코시에 도착한 시각은 9시였다. 놀랍게도 가게는 먼지 한 톨 없이 깔끔하게 정돈되어 있었다.

그들은 말로 설명하는 게 아닌 행동으로 가르쳐 주었다. 이 정도 수준으로 청소해야 한다고.

이 책에는 약 100개 조항에 이르는 유대 상술을 소개하고 있다. 나는 거기에 맞춰 상황에 따라 유대 상술의 공리를 시의적절하게 실행한다.

햄버거 상술도 마찬가지다. 이렇게 하면 돈을 벌 수 있다는 견본으로 내 사례를 풀어본 것이다.

일본에서 자란 유대 상인

맥도널드는 세계에 2,000개 달하는 체인점을 거느리고 있다. 모든 체인점은 맥도널드 본사가 토지와 건물을 취득해 인테리어와 기계설비 설치를 완료한 후, 보증금 1만 달러를 내는 사람에게 20퍼센트의 이익을 보장해 주는 방식으로 점포 대부분이 운영된다. 나도 이러한 방식으로 전국에 500개 이상의 점포를 오픈하는 것이 목표다.

다만 1만 달러—대략 300만 엔 정도의 보증금을 받아봤자 의미가 없으므로 보증금은 형식 차원에서 10만 엔만 받고, 진지하게 월급쟁이에서 벗어나고 싶은 사람 100명 정도를 채용하는 건 어떨지 구상 중이다. 그리고 내가 그렇게 선택한 사람들에게 유대 상술과 거액의 수익을 보장하여 국제적인 감각으로 무장된 새로운 '유대 상인'을 육성하고 싶다.

유대인의
경전

바이블 이상의 영향력

세계 경제를 견인하는 유대인들은 경제·상업활동에서 성공하기 위한 지침서를 부모에서 자녀로, 자녀에서 손자로 물려주는 거라 상상하는 사람이 많다. 하지만 그런 책자의 실체는 없다. 다만 경제활동뿐만 아니라 유대인 생활 전반에 큰 영향력을 미치고 있는 경전이 있는데 그것이 바로 《탈무드》다.

기원후 500년 동안에 걸쳐 히브리어로 작성된 《탈무드》는 총 20권에 이르는 방대한 분량이다. 이 책은 유대 민족의 당대 최고 현인들이 한자리에 모여 원탁토론을 한 내용을 기록의 형태로 남긴 것이다.

다루고 있는 주제는 주로 인간이 태어나서 죽음에 이르기까지 경험할 수 있는 모든 예측 가능한 이야기를 포괄한다. 생과 사, 전쟁, 평화, 가정, 결혼, 이혼, 아내, 자식, 의례, 휴일 등 개별 주제에 관해 논리적인 토론을 전개하고 있다.

살다가 문제에 봉착할 때, 병이나 죽음에 직면할 때마다 《탈무드》를 찾아보면 어떻게 처신해야 하는지 구체적인 지침을 얻을 수 있는 것이다.

유대인은 이 《탈무드》를 매일 정독한다. 하루에 2~3페이지 분량의 주제도 있고 5줄로 끝나는 날도 있다.

내용을 완독하는 속도가 중요한 것이 아니라 적혀 있는 내용을 자기식으로 삶에 녹여내는 지혜와 깊은 통찰을 얻어야 한다.

《탈무드》를 매일 정독하는 습관이 유대민족의 통일과 단결의 비결일지도 모르겠다.

유대교에서 제한한 식사

유대인은 식사할 때 소고기와 우유를 같이 먹지 않는다. 유대교에서 소고기와 우유를 같이 먹는 것을 금지하기 때문이다.

"우유와 소고기를 같이 먹으면 소는 멸종하고 말 겁니다."

유대인은 이렇게 말한다. 유대교에서는 소고기와 우유를 같이 먹는 것을 금지하여 대상의 씨를 말리는 행위를 해서는 안 된다는 교훈을 일러주는 게 아닌가 싶다. 그래서 소고기와 우유를 같이 먹고 싶은 유대인을 위해 우유와 똑같은 식물성 단백질인 '인공우유'를 만들어 먹고 있다.

이 밖에도 유대교는 식품에 대한 다양한 제한을 두고 있다. 유대인들은 돼지고기를 먹지 않으며, 새우와 문어 또한 섭취하지 않는다. 그럼에도 불구하고 돼지고기를 먹지 않더라도, 그들이 상품으로서 팔릴 수 있다면 돼지를 사육하고 판매하는 것을 허락한다. 유대교는 먹을 수 있는 음식을 제한하지만, 그것을 거래하는 행위까지는 금지하지 않는 것이다.